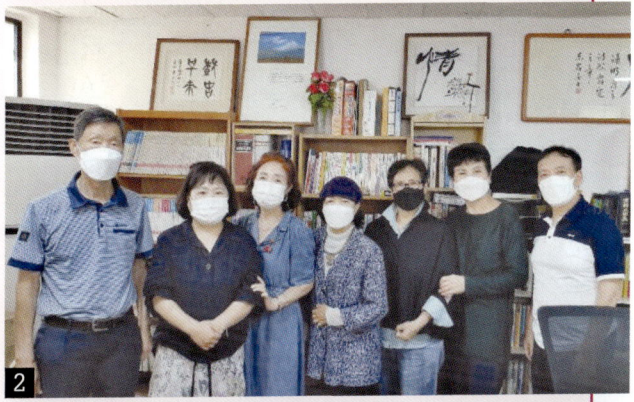

1. 예총 방문
2. 편집회의(임원)
3. 노작홍사용문학관

1. 방화수류정
2. 문학기행 화성 행궁 앞에서
3. 11월 6일 문학기행

천상병 / 중광 / 이외수

셋이서 문학관

Three Authors' Gallery

정인관 관장의
"나만의 문집 만들기 인문학" 강의

매주 목요일 오후 3시부터 5시까지 / 5개월 20강좌
수료식날 공동문집 발간!

정인관 관장

1987년 〈예술계〉 시 등단. 2000년 〈창조문학〉 평론 등단.
서울지부 강원대 교무처장. 한국문협 이사. 국제펜클럽 한국본부 자문위원. 한국예작고문.
임실문인협회 지부장. 은평문인협회지부장. 역임. 중등학교 교장 역임.
현.한국예술문화단체총연합회 전문위원. 셋이서문학관 관장. 셋이서문학회 누에실지도강사.
윤동주 문학상. 한국예술문화단체총연합회 문학분과 예술문화대상. 임실문학 대상.
창조문학상대상. 은평문학대상 수상. 대학논문집 1권. 시집 : 「물레야 물레야」외 7권.

셋이서문학관

서울특별시 은평구 진관길 23
TEL. 02.355.5800 │ E-mail : chung4311@daum.net

사계

작사 김사라
작곡 남보석

김사라 | 2000년 시 등단, 제23대 회장, 국제문화예술상, 크리스찬문학상, 허난설헌문학상, 백두산문학상, 송파구예술인상 수상, 세기문예, 한국문인협회, 청시회, 동행창조문예 회원

애지시선 100

김원욱 시집 푸른 발이 사라졌네

시공을 넘나드는 확장된 사유의 공간과 서정으로 녹아든 신화적 시선

삶과 죽음의 경계에서 사색하는 김원욱의 시는 역동적인 신화적 상상을 보여 준다. 서정의 깊이에 꽂히는 따뜻한 시선과 내면에서 꿈틀대는 인류 근원에 대한 물음은 우리 시의 외연을 더욱 풍요롭고 다채롭게 할 것이다.

1997년 첫 시집 『그리움의 나라로 가는 새』를 내놓으면서 작품활동을 시작한 이래 인간과 자연의 근원에 대한 탐구와 성찰을 통해 가늠할 수 없는 세계와 소통해 왔다. 이번 시집은 시공을 넘나드는 확장된 사유의 공간을 여지없이 보여 주고 있고, 서정으로 녹아든 강렬한 신화적 시선이 치열하게 담겨 있다.
해설을 쓴 김지연 시인은 "그의 작품 속에 드러나는 신화는 자유롭고 다양한 스펙트럼을 보인다. 그것은 때로 일상의 서정으로 변모하고 때로는 삶을 관통하는 철학으로 변모하기도 한다."며 "그의 시는 화려하고 난해하기보다는 담백하고 정갈하다. 무엇보다 낮고 따뜻한 포즈로 명료하게 빛난다."고 말한다.

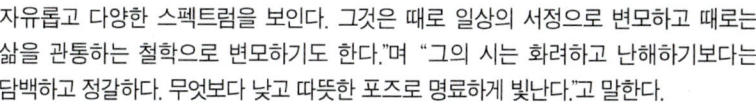

도서출판 애지 | 대전시 동구 대전천북로 12 | 전화 042)637-9942

오방색 매듭

홍 성 숙 제6시집

지성의샘

상상인 시인선 007

괄호는 다음을 예약한다

송병호 시집

미래로 마주하여 나가는 시적 언어가 언어의 탈구성을 벗어나 다시 말씀이 될 수 있다면 아마도 그것은 우리의 내적 가능성이 처음으로 새롭게 마주할 수 있는 마침표일 것이다. 거기에 시의 끝 또는 끝의 시가 있겠다. 그러한 시의 도래를 끝없이 지연시키면서 그 지연을 늘 현재의 노래로 나타나게 하는 일은 앞으로도 지난할 것이다. 그 시 쓰기를 시인은 끝까지 사랑하기를 바란다. "관계를 펼쳐놓은 홈비에 젖은 안쪽/ 경經의 말씀이 소용되도록, 복음이 되도록/ 나는 죽어서 살아야 한다" 시는 그가 끝없이 다가가는 다음의 자리에서 은밀하고도 따뜻하게 그리고 늘 새로움으로 거듭나면서, 빛의 호를 그릴 것이다.

_김학중(시인)

128*205 | 140쪽 | 10,000원 | 2021년 9월 18일 펴냄
도서출판 상상인 | ISBN 979-11-91085-28-0 (03810)

기린호텔 | 홍현숙 동시집

선생님께 안부 인사를 드렸더니 "우리 옆에 있는 모든 사물이 스승입니다"라고 말씀해 주신 기억이 가슴에 남아 있어요. 아무도 관심 가져 주지 않는 것들에게 생명을 불어넣는 일은 늘 신나는 일이고, 꽃과 바람 나무들에게 감사와 사랑을 배우는 일이죠.

홍현숙/ 걸음/ 10,500원

—〈시인의 말〉 중에서

나에게 시가 되어 오는 사람이 있다 | 조윤주 제6시집

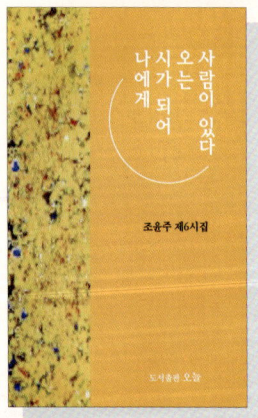

조윤주 시인은 작품마다 눈부신 알레고리를 가지고 있다. 시인 특유의 독창적인 사물의 숨겨진 의미를 찾아내고 그 입구에서 서성이지 않고 그 안으로 자연스럽게 들어가 생의 유동적인 통찰과 경건을 건져 올린다.

조윤주/ 오늘/ 15,000원

—이주리 | 시인·수필가

은하를
횡단하는
별

은하를 횡단하는 별

예술시대작가회 | 2021 · 제37집

발간사

은하를 횡단하는 별

조현순 | 예술시대작가회 회장

　민간 우주 여행 시대가 열렸습니다. 로켓을 타고 화성으로 이사 가는 날이 머잖아 올 것이라고 상상해 봅니다. 우주에서 지구를 내려다보는 시대에 우리 문학인은 어떤 발상의 전환과 상상력을 발휘하며 살아가야 할까 떠올려 보기도 합니다.
　이제 인류는 인공지능 기술을 비롯한 과학 기술의 눈부신 발전을 바탕으로 아날로그 현실이 아닌 디지털 현실을 추구하고 있습니다. 이른바 메타버스 시대가 도래하였습니다. 그에 따라 인간 고유의 영역이라고 여겨졌던 예술과 창의성 개념이 도전을 받고 있습니다.
　그러나 글쓰기의 상상력만은 그 무엇으로도 대체가 불가능합니다. 아무리 뇌과학이 발전하여도 인간 고유의 '마음'을 만들어 낼 수는 없습니다. 그런 의미에서 시를 노래하고 소설과 수필을 창작하는 문학인은 행복합니다. 한 줄의 시가 가슴에 금이 간 사람의 마음을 위로하고, 한 편의 수필이 어두운 마음을 환하게 밝혀 주기도 합니다. 이것이 문학이 주는 커다란 힘이 아닐까요?
　코로나19로 인해 올 한 해도 비대면 회장으로 활동해야 했습니다. 회원님과 한자리에 모여 안부를 묻고 따뜻한 정을 나누지 못해 못내 아쉽고 어두운 터널을 지나온 느낌입니다. 매년 봄날 문학기행을 다녀오던 시절이 그립고, 회원님들 얼굴도 보고 싶었습니다.

그래서 용기를 내어 가을 문학기행을 기획하고 진행하였습니다. 코로나 확진자 수가 늘어나는 날이면 불안하였습니다. 행여 회원님들께 누가 되지 않을까 걱정도 많았습니다. 그런 걱정과 불안을 뒤로하고 무사히 가을 문학기행을 다녀올 수 있었습니다. 모두가 회원님들의 이해와 참여 덕분이라고 생각합니다.

작품을 통해 만나는 일도 중요하지만, 회원님들과 함께한 문학기행은 예술시대작가회 추억의 한 페이지로 남아 책장을 넘길 때마다 우리를 행복하게 해줄 것입니다. 함께한다는 것은 참으로 아름답고 고귀한 일이라고 생각합니다. 우리를 하나로 묶어 주는 끈, 그것이 동인이라는 든든한 울타리라는 것도 새삼 깨닫습니다.

하얀 감꽃을 보아도 한 줄의 시가 되고 가을날 바람에 나뭇잎이 비가 되어 쏟아지면 노트에 받아 적어 하나의 작품이 되기도 합니다. 진솔한 마음을 담은 글들이 모인 동인지를 읽으며 우리는 동시대에 살고 있으며, 예술시대작가회 동인이라는 울타리 안에 함께 있음을 다시금 자랑스럽게 생각합니다.

『은하를 횡단하는 별』은 소중한 우리 정신과 마음의 자산입니다. 참여해 주신 여러 회원님께 감사한 마음을 전합니다.

2021년 12월

축사

『은하를 횡단하는 별』 발간을 축하하며

이범헌 | 사단법인 한국예술문화단체총연합회 회장

안녕하십니까, 사단법인 한국예술문화단체총연합회 회장 이범헌입니다.

먼저 한국 문학예술 발전을 위해 뜨거운 열정으로 달려온 예술시대작가회의 『은하를 횡단하는 별』 발간을 진심으로 축하합니다.

코로나19 팬데믹 상황에서도 회원 여러분의 다채로운 문학 작품이 세상에 얼굴을 내밀었다는 것은 매우 기쁜 일이라고 생각합니다. 그리고 예술시대작가회 회원 여러분의 개성 있는 목소리로 쓰여진 작품이 수록된 이번 동인 작품집은 문학예술에 종사하는 이들에게 큰 기쁨이자 자랑일 것입니다.

예술 창작은 사람이 만들어 내는 가장 아름다운 정신의 산물입니다. 특히 문학은 작가의 숭고한 정신세계이며, 넓은 의미로 동시대를 살아가는 사람들의 정서 함양을 돕기도 하고 시대적 상징이 되기도 합니다.

그런 의미에서 우리의 마음에 꿈과 희망을 심어 주고 우리를 문학예술 세계로 안내해 줄 예술시대작가회의 활발한 활동이 한국 문학예술 발전에 아름다운 토양이 될 것이라고 믿습니다.

코로나19로 움츠리고 있는 우리 모두에게 따뜻한 위로와 응원이 필요한 시기입니다. 예술시대작가회가 앞으로도 많은 독자와 함께 조화롭게 소통하고 함께 어울리면서 문학예술의 한마당을 더욱 빛내 주시기를 바랍니다.

다시 한 번 예술시대작가회 37집 『은하를 횡단하는 별』 발간을 축하드리며, 조현순 회장님을 비롯한 회원 여러분과 예술시대작가회의 무궁한 발전을 기원합니다. 감사합니다.

2021년 12월

차례 은하를 횡단하는 별 | 2021·제37집

발간사 | 조현순_예술시대작가회 회장
축   사 | 이범헌_사단법인 한국예술문화단체총연합회 회장

특집—수원 화성을 읽다

시
박대진 | 과인은 사도세자의 아들이다……22
마종옥 | 36도 5부……25
최희명 | 만천명월주인옹……27

수필
김희경 | 꽃보다 아름답기……29
유선자 | 바람길 따라……33
이현실 | 화성 행궁……44

시

고창영 | 국수 먹는 날 외 1편……48
권순형 | 배짱과 뱃살 사이 외 1편……50
김사라 | 사계 외 1편……52
김승배 | 고봉산 외 1편……54
김연대 | 파차유감 외 1편……58
김영교 | 부모님, 헌정 공원 만들다 외 1편……60
김용수 | 월미산 자락에 위령비를 세우며 외 1편……63
김원욱 | 뱀처럼 외 1편……66

김정윤 | 안부 외 1편······68
김진경 | 카카오톡 외 1편······71
김찬윤 | 외할머니 손맛 외 1편······73
나영채 | 천의 외 1편······75
류승도 | C 외 1편······78
마종옥 | 법조로 오후와 카페 여인들······81
박대진 | 무자식 상팔자 외 1편······85
박종오 | 바다 무덤 외 1편······89
박종익 | 시합 외 1편······91
박지연 | 키웨스트 외 1편······94
서경자 | 누룩꽃 피던 날 외 1편······96
송낙현 | 입추의 계절 외 1편······98
송동호 | 작가 미상······100
송병호 | 잊힌 것들에 대하여 외 1편······104
양은진 | 장례식장 고스톱 외 1편······108
오만환 | 지게와 작대기 외 1편······111
유민채 | 밤 주우러 가서는 외 1편······113
유 유 | 하수오의 뺑 외 1편······115
이규자 | 빈집의 고찰 외 1편······117
이난오 | 낙엽 외 1편······120
이덕원 | 내포연가·11 외 1편······122
이병화 | 우물의 전설 Two 외 1편······125
이성의 | 오래된 향기 외 1편······128
이원주 | 나는 누구인가 외 1편······131
이춘재 | 어떤 시간 외 1편······133

이현자 | 떨어지다 외 1편……135
이희철 | 더듬어 보는 길 외 1편……139
정문택 | 기다림 외 1편……143
정영호 | 마음 값 외 1편……146
정인관 | 허허로운 시간 외 1편……149
제정자 | 생의 가을이 고요하다 외 1편……152
조명희 | 2m 외 1편……155
조윤주 | 안개에 갇힌 마법의 시간 외 1편……157
조현순 | 꽈배기 외 1편……160
최수지 | 우두둑 외 1편……162
한상림 | 벚꽃 사서함 외 1편……164
홍금자 | 슬픔이 밟히는 저녁 외 1편……167
홍성숙 | 연민의 독방 외 1편……170
홍현숙 | 답호 외 1편……172

시조

김복희 | 사랑의 힘·4 외 1편……176
김숙희 | 석산화 외 1편……178
김진대 | 통일로 가는 길 외 1편……180

수필

강대식 | 룰……184
강별모 | 석상 앞에 서면……188

김문호 | 물나무……192
김오진 | 태풍의 길목에서……197
박윤지 | 먼 훗날의 달에게……200
사공정숙 | 숙제……205
신상숙 | 먼데이야……209
유선자 | 흐름과 멈춤의 시간……213
이현실 | 아득히 먼 이름 금강산……216
조명래 | 신기루를 보았나요……220
최희명 | 사계……222

희곡

김홍익 | 철거민들……228
서영칠 | 동해별신굿……240

소설

고승우 | 신혼 부부의 비극……264
윤여왕 | 애 만들기 좋은 날을 위하여……284
이진준 | 태어나지 않은 자의 슬픔……290
전경애 | 흥남의 마지막 배-빅토리호……308

□ 예술시대작가회가 걸어온 길

특집—수원 화성을 읽다

시
박대진 | 과인은 사도세자의 아들이다
마종옥 | 36도 5부
최희명 | 만천명월주인옹

수필
김희경 | 꽃보다 아름답기
유선자 | 바람길 따라
이현실 | 화성 행궁

[특집·시 _ 수원 화성을 읽다]

과인은 사도세자思悼世子의 아들이다

박|대|진|

'죄인지자불위군왕罪人之子不爲君王'
아비에게 버림받은 패륜 죄인의 아들 이산은 국왕 될 자격 없다

사도세자를 죽음으로 내친 '노론' 일당은 패륜 죄인의 아들 정조는 왕위에 오를 수 없다 '팔자흉언八字凶言' 굴레를 씌워 유교국 조선 국왕으로서 정통성을 위협하였다

절치부심 20여 성상 1776년 신묘년 3월 10일,
영조의 빈전殯殿에 운집한 만조백관과 노론들에게 정체성을 고하다.
"과인은 사도세자思悼世子의 아들이다"

1777년 7월 28일과 8월 11일 노론 일당은 경희궁 존현각 정조의 침전에 잇따라 자객을 내어 암살하고자 하였다

정조는 즉위년 3월 20일 맞불을 놓았다.
사도세자의 존호를 장헌세자로 추숭하여 수은묘의 봉호를 영우원이라 하고 사당을 경모궁이라 하였다. 이어서 존봉尊奉하는 의절을 송宋나

라 복왕濮王의 고사에 따르고 봉원도감封園都監과 추숭도감追崇都監을 합쳐 설치도록 하였다.

시호를 정함에 여러 신하들을 소견하여 임금이 말하기를, "선조先朝에서 시호를 '사도'라 하심은 성스러운 뜻인 것인데, 지금 내가 오직 종천終天의 슬프고 사모하는 마음을 나타내려고 한 것일 뿐이다. 옛적 제왕들이 시법諡法을 간여하려 하였음을 내가 일찍이 그르게 여겨 왔다. 만일 혹시라도 지나치게 아름다움이 넘치도록 한다면 어찌 나의 본뜻이겠느냐? 여러 신하들은 그것을 알아야 한다." 하였다.

양주 배봉산 영우원 부친 묘를 천하제일 복지福地 수원 화산으로 옮겨와 현릉顯陵원을 조성하고 보경선사를 팔도도화주로 임명하여 절을 지어 낙성식 날 저녁 꿈을 꾸었다.

용이 여의주를 물고 승천하니 '용주사'라 현릉원 능사陵寺로 '부모은중경父母恩重經'을 기렸으매 28살 뒤주에 갇혀 8일만에 죽어 구천을 헤매는 사도세자의 넋을 위로하오니 명복을 빌게 하였다.

능원에 송충이가 만연하여 솔잎을 좀먹으므로 정조는 송충을 잡아오라 깨물어 오열하기를,

"네가 아무리 미물 벌레이기로서니 친산의 솔잎을 마구 먹을 수가 있느냐? 차라리 내 오장을 먹으라." 하는 것이었다.

좌우의 군신들이 대경실색하였으며 정조의 지극한 효심에 감복하여 조아렸으니, 그날부터 소리개와 까마귀가 무수히 덤벼 송충이를 잡아먹었다.

또한, 정조는 인근 어린 백성들이 능원의 송기를 꺾지 않도록 5~6월 보릿고개 절기마다 소나무에 콩주머니를 매달아 허기진 백성들을 먹이

고, 송충이 피해가 극심할 때는 인근 백성들에게 돈을 주어 송충이를 잡아오도록 하여 미물 송충이일망정 다음 생에는 이로운 생물로 태어날 것이라고 구포바다에 수장하라고 특별히 지시하였다.

 이렇듯 정조는 무참히 돌아가신 비운의 아버지를 기려 효심을 아끼지 않았으니 어린 백성들의 배고픔과 미물 송충이의 다음 생의 환생까지 살피는 어진 군주이셨다.

[특집·시 _ 수원 화성을 읽다]

36도 5부

마|종|옥|

과열도
미열도 싫어요

훈훈한 걸음들이 뭉쳤어요. 치맛자락 스치는 소리가 생명처럼 들리고
전선 속에 흐르는 번뜩 번쩍 전류가 흐르듯 낱말들이 출렁거렸어요
천천히 바르게 각자의 온도로 달려가는 단어들은 정갈하게 매듭지어
조절하는 중이에요

시인님, 소설님, 평론님
수필님, 칼럼님, 희극님
같은 온도에서 멈췄어요.
그건 새벽을 아침을 시작하는 마음이에요

문학의 바닥은 어디일까요

문학기행 속에서
문학의 힘을 실어 줬다는 것과 시들지 않고 번져질 것과 서로를 아끼

는 체온은 올랐어요
　나이테를 열어 보세요. 우연도 바닥도 없을 거예요
　비틀거리는 거리가 생기면 체온을 조절하는 힘을 예쁘게 발휘할 거예요
　뛰어가다가 잠깐 멈출 때는 봄의 꽃을 만질 겁니다

　ㄱ ㄴ ㄷ ㄹ…
　가 나 다 라… 이들의 온도를 진열해요
　나열하기 쉽지만 기본을 흠잡은
　낮은 온도와 높은 온도에서 생기는 빗나간 자국까지 아낄 거예요

　어두워서 밤인가요

　헤집고 다니는 36도 5부에서
　표정을 만들고 동시에 다수를 향한 감정을 만졌습니다
　홍사용 문학관에서 수원 행궁까지

[특집 · 시 _ 수원 화성을 읽다]

만천명월주인옹[1)]

최 | 희 | 명

당신은
디지털 대포로도 뚫리지 않는
눈썹돌 가슴을 가졌어요
사나운 발자국에도 숨지 않고
한 걸음 앞 봉돈 위에 있어요
반듯하나 미욱한 직선을 구부려
땅의 결을 따라 사람의 터를 보듬어
곡선으로 심장을 키웠어요
강도 길도 일자—字로만 뚫고 나가는 오늘에도
나뭇잎 닮은 당신의 성, 원형의 이백년 호적
만국의 귀감이어요

묵 쑤고 고기 볶아 야채 버무려
탕탕평평 거두어 먹였지요
밟힌 풀도 아프지 않게
형식의 회초리에도 다치지 않게
이유 없이 그을린 옛 아버지들 이름에서도

어둠을 거두었지요
물결 꺾일 때마다 수수백년 잘도 거슬러 온
시커먼 솔피[2]들에게 한평생 악수를 청했지요
솔피들 그 손 앗아 또 한 번 물결을 꺾었어요
당신의 물결 한 갑자만
딱 한 갑자만 푸르게 흘렀어도
극동 조선 하나로 여태 밝을 것을 알아요
운한각에 들어 당신을 보아요
오늘도
당신이 키워 온 심장 우리 가슴마다 있어요
옛 시간에 가두어 누르고 살아요
물은 돌고 돌아 지금도 화홍 남수를 통하는데요
당신의 심장을 한 번 쿵쿵 울려 주세요
성곽 넘어 여의도 나루까지 피가 돌도록
곡선으로 곡선으로 성이 흐르도록

1) 만천명월주인옹: 정조대왕의 호
2) 솔피(범고래): 정조 사후 정약용은 '솔피의 노래'를 지어 정조 시해설을 주장했음

[특집·수필 _ 수원 화성을 읽다]

꽃보다 아름답기

김│희│경│

경기도 화성에 위치해 있는 노작문학관에 다녀왔다. 홍사용 시인이 그곳에 있었다. 그곳에서 그의 대표작인 〈나는 왕이로소이다〉라는 시를 다시 한 번 찬찬히 음미해 보았다.

"나는 왕이로소이다. 나는 왕이로소이다. 어머님의 가장 어여쁜 아들, 나는 왕이로소이다.
가장 가난한 농군의 아들로서…. 그러나 시왕전十王殿에서도 쫓기어 난 눈물의 왕이로소이다."

어머니는 묻습니다. "내가 너에게 맨 처음으로 준 것이 무엇이냐?"
아들이 대답합니다. "맨 처음으로 어머니께 받은 것은 사랑이었지요마는, 그것은 눈물이더이다"

그런데 세월 탓일까, 시구는 분명 낯이 익은데 홍사용, 나아가 노작이란 호를 가졌다는 사실조차 새롭게 다가왔다. 그는 12살에 2살 연상의 여인과 혼인하였다. 그리고 《백조》 문예지를 창간하며 문학 활동을 이어 갔다. 나는 그런 소중한 정보들을 오늘 노작문학관에 와서야 새삼 확

실히 알게 되었다. 한 명의 문학도로서 스스로에게 부끄러운 하루였다. 다만 이러한 소득이 내가 '문학기행'이라는 행사를 통해 거둔 수확이라면 그동안의 무지가 조금은 용서가 될까.

또한, 정조가 자신의 부친인 사도세자의 넋을 기리기 위해 지었다는 '용주사', 광활한 북방 개혁의 일환으로 수원 일대에 성을 지어 정치적 치적을 높이 세운 '화성' 등을 돌아보며 웅대한 역사적 현장에 설 수 있음에 감읍하기도 하였다.

그날은 하늘빛이 참으로 청명하였다. 온 산과 들, 거리 곳곳마다 홍등을 매달아 놓은 듯 울긋불긋 물들어 가던 11월 초입의 가을, 여느 해에 비해 조금 늦게 찾아온 단풍이 고맙기 그지없었다. 그 하루를 위해 이른 새벽부터 서둘러 떠나왔을 예작회 회원들의 면면을 보며 소소한 모임조차 가질 수 없었던 그동안의 회포가 한꺼번에 풀리는 느낌을 받는다.

문학기행이란 행사는 어찌 보면 너무나 일상적이어서 자칫 요식 행위에 그치고 말 수도 있다. 그래서 그 가치가 약간은 폄훼될 여지도 없지는 않다. 하지만 여러 면에서 그 일상적 행위가 주는 기쁨을 우리는 일시적이나마 누릴 수 없었다. 이런 행사가 그래서 더욱 소중하게 느껴지는 건 나만의 생각일까. 더욱이 올 문학기행은 가을이란 계절에 치르게 되어 또 다른 감상에 빠지게 하였다.

간만에 뵈온 오만환 선생과 김찬윤 선생과의 조우도 무척이나 반가웠다. 하지만 무엇보다 화성 지킴이로 활동해 오는 박대진 선생의 해설은 우리를 좀 더 풍성한 문학기행의 현장 속으로 안내하는데 큰 도움이 되었다.

다소 소원해져 가는 회원들 간의 친목도 이런 행사를 통해 다시 돈독하게 해주는 역할을 한다. 일부는 파릇파릇한 시절에 등단하여 이제 머리는 반백이 되고 눈가엔 주름이 가득하다. 하지만 그래서 더욱 정겨워지는 얼굴들이다. 세월이 흐를수록 잘 숙성된 술처럼 향기가 나는 회원들의 모습이 그리워지는 건 나 혼자만의 생각은 아니라 믿는다.

 '나는 왕이로소이다' 라고 어머니 앞에서 응석 아닌 응석을 부려대던 홍사용 시인.
 그의 시에 대한 평가는 여전히 여러 갈래로 나뉘고 있긴 하지만, 일제 치하에 나라를 잃은 시대의 아픔을 시로써 승화해냈다는 평가엔 이견이 없다. 한편, 노론과 소론의 심각한 정치적 갈등이 정조의 부친인 사도세자를 죽게 하였고 끝내 정조 이산마저 시해하게 하였다. 그러한 역사적 사실을 마주하며 지금도 여전히 극한 대립으로 치닫고 있는 작금의 정치 현실에 안타까움을 금치 못하겠다.
 정조는 그런 가운데에서도 국권을 강화하고 국운을 융성, 발전시키기 위해 부단히 노력해 왔다. 그러나 역사는, 어머니인 혜경궁 홍씨가 치열한 당쟁 속에서 불가분 부친인 사도세자를 죽음으로 몰게 하였을 것이라 추론하고 있다. 그럼에도 정조는 그런 어머니를 위해 아낌없는 효를 다하였다. 어쩌면 궁궐 안팎에서 양극단으로 치닫고 있는 끝도 없는 정쟁을 보며 어머니만큼은 자기편이 되어 주리란 믿음 하나로 그 세월들을 꿋꿋이 견뎌내 왔으리라. 하여 "나는 왕이로소이다. 맨 처음으로 어머니께 받은 것은 사랑이었지요마는, 그것은 눈물이더이다"라는 홍사용의 시구처럼, 정조 이산은 자신의 어머니 품에 안겨 힘겨운 속내를 눈물로 절절하게 쏟아내진 않았을까 감히 짐작해볼 뿐이다.
 문학기행의 묘미란, 이렇게 잊었던 역사적 사실 또는 행여 놓치고 살아온 새로운 세계에 눈을 뜨게 해주는 것으로 우리들에게 주는 그 의미와 가치는 결코 적지 않다. 그렇게 우리는 이런 기회를 통해 또 한 걸음씩 성장해 간다.
 힘겨울수록 속은 더욱 단단해지고 온도 차가 클수록 단풍의 빛깔은 곱다. 역사 속 이산이 그러했듯이, 가을이면 알록달록 물이 드는 나무들이 그러하듯이.

행사를 끝내고 뒤돌아서며 법륜 스님의 말씀을 떠올려 본다.
"곱게 물든 단풍은 꽃보다 아름답다."

우리 모두 저리 곱게 물들어 가는 가을 단풍처럼 갈수록 아름답게 성장해 가는 예작 회원들이 되기를 진심으로 기원해 마지않는다.

김희경 │ 1993년 시 등단. 제16대 회장. 시집 『브래지어가 작아서 생긴 일』, 『내 얼굴 위에 붉은 알러지』

[특집·수필 _ 수원 화성을 읽다]

바람길 따라
―세계문화유산 수원 화성

유 선 자

　성곽이라는 단어를 떠올리면 흑백 필름 속에 존재할 것 같은 이미지가 잠시 머리를 스친다. 세월과 시간의 흐름 속에 현실과 과거가 공존하는 수원 화성으로 떠나는 여행, 사계절 어느 철이든지 맘먹고 꼭 해볼 일이다. 걷다 보면 영화를 찍고 있는 듯 성곽 주변 카페에는 우아하게 차를 마시는 젊은이들, 오며 가며 세계문화유산에 대한 인지도 영향인지 외국인들까지 휴일이면 성곽길은 산책로가 되어 많은 사람을 만날 수 있다.
　여행이 여행이었던 시절이 우리에게도 있었다. 청춘이 청춘이었던 시기가 있었듯이 그런 시기가 새삼스럽다. 세계가 코로나19로 요동치는 가운데 자아 성찰의 시간이 많아진 요즘이 아닌가 싶다. 수원의 화성 둘레길 걷는 일, 바람과 구름이 어우러져 손짓하는 날이면 곧장 달려 나가고 싶다. 성곽城郭은 언제 걸어도, 어느 길에서 걸어도 연결이 된다. 걸으면서 바람의 숨결을 느끼기에도 최적의 장소 중 한 곳이 수원 화성이다.
　화성 성곽길을 몇 번 정도 가보면 나름 계절별로 좋아하는 곳이 생긴다. 봄에는 도청 뒤 벚꽃과 진달래가 합창하는 곳, 여름에는 서남각루(화양루) 가는 길, 가을에는 다홍색 감이 눈길을 사로잡는 창룡문 밖, 그리고 '나 홀로 은행나무'가 있는 동장대(연무대) 뒤편이다. 겨울에는 서

장대로 올라간다. 수원시를 내려다보는 맛을 보기 위해서다. 사통팔달四
通八達 수원 전체를 가늠하여 볼 수 있다.

    화성의 둘레는 5,744m, 면적은 130ha로 동쪽 지형은 평지를 이루고 서쪽
은 팔달산에 걸쳐 있는 평산성의 형태입니다. 남쪽 팔달문八達門, 북쪽 장안
문長安門, 동쪽 창룡문蒼龍門, 서쪽 화서문華西門의 4대문과 화홍문華虹門과 남
수문南水門의 2수문을 비롯하여, 암문暗門, 적대敵臺, 노대弩臺, 공심돈, 봉돈烽
墩, 치성雉城, 포루砲樓, 장대將臺, 각루角樓 등의 군사 시설 외에 성신사城神祠,
사직단, 공자묘孔子廟, 행궁과 부속 건물로 구성되었다.
                                                       ―《화성성역의궤》 권수卷首 148~149면

  기본적으로 팔달문, 장안문, 창룡문, 화서문만 보아도 성곽이 주는 포
만감은 안으리라 싶다. 언제가 다시 방문한다면 필요할지 몰라 사대문
에 대한 설명을 옮겨 본다.

- 수원 화성 장안문

  장안문長安門은 화성의 북문이자 정문이다. 보통 성城의 남문을 정문으
로 삼으나, 화성은 임금을 가장 먼저 맞이하는 북문인 장안문이 정문이
다. 잘 다듬은 화강암으로 쌓은 석축에 홍예문을 냈고 그 위에 정면 5칸
측면 2칸의 다포 양식으로 이루어진 중층의 문루가 세워져 있다. 또한
가운데에 홍예문이 나 있는 벽돌로 쌓은 옹성이 있으며, 양옆에 다른 성
벽보다 높이가 약간 높은 두 개의 적대가 설치되어 있다. 장안문의 이름
은 중국의 옛 왕조인 전한前漢, 수隋, 당唐나라의 수도였던 장안(현재의
시안시)에서 따온 것으로 이는 당나라 때의 장안성처럼 화성 또한 융성
한 도시가 되라는 정조의 뜻이 담겨 있다.

●― 팔달문

• 수원 화성 팔달문

팔달문八達門은 화성의 남문으로, 사방팔방으로 길이 열린다는 뜻이다. 현재는 좌우의 성벽이 헐려 길이 생기고 건물들이 들어서면서 번화가가 형성되었다. 축대 위로 누각이 서 있는데 2층으로 지어져 매우 높게 보인다. 돌로 쌓은 무지개 모양의 문은 왕의 행차 시에도 가마가 드나들 수 있을 만큼 널찍하게 내고 위에는 정면 5칸 측면 2칸의 중층 문루를 세웠다.

문루 주위 사방에는 낮은 담을 돌리고 바깥쪽으로는 반달형 옹성, 좌우에는 적대 등 성문 방어에서 핵심적인 역할을 하는 시설을 두었다. 옹성은 우리나라 성곽에서 일찍부터 채용되었던 방어 시설로서 한양 도성의 홍인지문, 전주성의 풍남문 등에서도 볼 수 있는데, 팔달문의 옹성은 규모와 형태 면에서 한층 돋보인다. 또한 팔달문은 도성의 문루처럼 우진각 형태의 지붕과 잡상 장식을 갖춘 문루로서 규모와 형식에서 조선 후기 문루 건축을 대표한다.

• 수원 화성 창룡문

창룡문蒼龍門은 성의 동문이다. 이름은 음양오행설에서 푸를 '창' 자가 동쪽을 의미한다는 데에서 이름이 유래하였다. 한국전쟁 당시 크게 소실된 것을 1978년 복원하였다. 홍예의 크기만을 놓고 볼 때는 장안문보다 더 크다. 서남으로 행궁과 1,040보 떨어져 있고, 안팎으로 홍예를 설치하였는데, 안쪽은 높이가 16척 너비가 14척, 바깥쪽은 높이가 15척 너비가 12척, 전체 두께는 30척이다. 안쪽 좌우의 무사는 각각 아래 너비가 30척 높이 18척 5촌이며, 좌우의 와장대臥長臺는 길이가 각각 20척이고 돌머리는 각각 14층이며 너비는 9척이다. 바깥쪽 좌우 무사의 너비는 각각 25척 높이는 18척이며, 안팎 궁예 사이의 좌우 무사는 높이가 각각 17척, 양쪽 선문 안은 쇠로써 빗장을 설치하였다. 깃발 색은 파랑색이다. 참고로 동쪽은 파랑색. 서쪽은 흰색. 북쪽은 검정색. 남쪽은 붉은색 깃발이다.

• 수원 화성 화서문

화서문華西門은 성의 서문이다. 동남으로 행궁과 460보 떨어졌으며, 홍예와 문루의 제도는 모두 창룡문과 같다. 다만 좌우의 돌 계단을 꺾이게 해서 층을 만들었다. 안쪽 좌우의 무사는 아래 너비가 각각 9척이고, 바깥쪽은 너비가 각각 22척 2촌이다. 홍예문 사이 좌우의 무사는 높이가 각각 18척이고 수문청은 문의 남쪽 가장자리에 있다. 서옹성의 제도는 동옹성과 같은데 높이는 11척, 안쪽 둘레는 76척 정문에서 36척 떨어져 있으며 바깥쪽 둘레는 110척이다. 안과 바깥 면 모두에 평평한 여장을 설치하고 외면에는 방안 총혈 19개의 구멍과 활 쏘는 구멍 6개를 뚫었다. 나머지는 모두 동옹성과 같다.

세계유산 목록에 등재된 화성, 정식 명칭은 수원 화성水原華城. Hwaseong Fortress, Suwon이다. 유네스코가 지정한 세계문화유산에 한국 성곽의 꽃으로 불리는 수원 화성은 1997년에 등재되었다. '수원 화성'은 성곽 길이가 1,000여 배가 넘는 중국 만리장성보다 먼저 세계유산으로 등록되었다. 1997년 12월 4일 이태리 나폴리에서 열린 유네스코 세계유산위원회 제21차 총회에서 세계문화유산으로 등록되었다. 축성에는 도르래 원리를 이용한 거중기를 활용하고 성벽을 구불구불하게 해 견고성을 높이는 등 당대의 과학 기술이 총동원됐다. 성벽의 높이가 4m로 낮았는데 이는 적이 오르는 것보다 화포의 공격에 견디도록 설계했기 때문이다.(p359 〈수원의 가치를 높이다〉 중)

연무대에서 화성 행궁으로 직진하여 내려오면 '수원 화성박물관' 앞에 유형거, 녹로, 거중기가 있다. '거중기'에 대하여 써 놓은 시가 있어 옮겨 본다.

화성華城/ 서쪽 팔달산으로 해가 진다/ 동쪽 낮은 구릉 평지 따라 역사 굽이친/ 세상 들어 올린 흔적/ 성곽으로 남아 유정有情하다/ 민중의 함성 정조 예던 길 따라/ 유월 망초 꽃도 하얗게 일어난다/ 행궁, 중포사, 내포사, 사직단 거중기로 올린 사랑 낙남헌만 남아도/ 창용 장안 화서 팔달문을 둘러친 성벽 돌 도르래에 이끌려/ 자랑스럽구나 세계문화유산 되었구나∥ 수려한 용모 단정한 자태 성곽 따라 걸어보면/ 용쓴 거중기 역사役事 사이로 다산의 기침 소리 들리고/ 고정도르래 움직도르래 서로 끈으로 잡아당겨 팽팽하고/ 화성 지킨 돌들 어울려 문화꽃으로 다시 피어난다/ 힘이 힘을 불러 또 다른 힘이 되고 돌꽃이 되는∥ 화성에 들면 역사歷史 쌓아올린/ 거중기의 도르래 줄 이음이 새삼 아련하고 그립다.
　　　　　　　－ 유선자, 〈거중기擧重機, 세상 들어 올리다〉

코로나 시대 살아 있음도 신의 축복이 아닌가 할 정도로 사람들은 위축되고 감정선의 변화도 많은 시대라고 말하지 않을 수 없다. 아침이면 같은 길도 '새로운 길' 처럼 아니 새로움을 느끼고 싶은 이유로 화성 성곽을 걷고자 윤동주 시인의 〈새로운 길〉이란 시를 읽으면서 서둘러 나섰다.

내를 건너서 숲으로／ 고개를 넘어서 마을로∥ 어제도 가고 오늘도 갈／ 나의 길 새로운 길 ∥ 민들레가 피고 까치가 날고／ 아가씨가 지나고 바람이 일고∥ 나의 길은 언제나 새로운 길／ 오늘도… 내일도…∥ 내를 건너서 숲으로／ 고개를 넘어서 마을로

― 윤동주, 〈새로운 길〉

1938년도에 쓰여진 시, 오늘 아침에 읽어도 낯설지 않다. 시대적 고뇌와 생활상은 다름에도 '고개를 넘어서 마을로' 가는 느낌은 화성 성곽에 발을 딛는 순간 시간과 공간의 차이가 별다르지 않다는 생각으로 이어 준다. 성 안에서 성 밖으로 나가는 일이 고개를 넘어서 마을로 가는 느낌 말이다. 수원 지역에 살면서도 막상 글로 쓰려고 하니 기억나는 것이 없어 문학기행 후에도 몇 차례 더 다녀왔다.

사실, 화성 성곽 둘레길을 돌면서 처음 오는 사람은 명칭 읽기에도 바쁠 수 있다. 마음먹고 여유롭게 천천히 걷는 산책 수준이라면 눈으로 읽고, 마음에 담을 수 있을 것이지만 바람처럼 왔다가 바람처럼 가는 여행객은 꼭 다시 들러 느낌을 얻으면 좋을 것이다.

여기서 잠깐 화성에 대하여 찾은 글을 옮겨 본다. 원래 수원은 지금보다 남쪽으로 약 8km 떨어진 화산 아래가 그 중심이었다. 조선 정조 13년(1789) 정조가 아버지 사도세자의 원침을 양주 배봉산에서 현 위치인 수원의 화산으로 옮기면서 그 아래에 있던 관공서와 민가들을 팔달산 아래로 집단 이전시킴으로써 현재의 수원이 형성되었다.

●― 화성 행궁

특히 성곽의 축조에 석재와 벽돌을 병용한 것, 화살과 창검을 방어하는 구조와 총포를 방어하는 근대적 성곽 구조를 갖추고 있는 점, 용재를 규격화하여 거중기 등의 기계 장치를 활용한 점 등에서 우리나라 성곽 건축사상 가장 독보적인 건축물로 평가받고 있다.

아름다운 건축물과 성곽, 바람이 머무는 봄날에는 수원 경기도청 뒤로 이어지는 팔달산 길로 들어가 보면 좋으리라 싶다. 별천지 세계처럼 커다란 벚꽃 나무가 꽃을 피우고 있는 장관을 볼 수 있다. 홑 벚꽃 겹 벚꽃 어우러져 그 안에 사람들은 온통 행복해 보인다. 마치 행복이 장전되어 있는 길처럼 아이 손을 잡은 사람, 연인, 어른 모두 꽃이 되어 얼굴빛이 환하다.

바람도 흥에 겨워 머무는 곳, '정조로 777번' 길에서 올라가면 서장대요 내려가면 팔달문과 마주한다. 그 길의 효원약수터에서는 물을 길어 가고, 성신사가 있는 곳에서는 마음을 모아 보고, 더 걷다 보면 '정조대왕동상' 이 있는 뒷길에서는 화성 행궁 모습도 훤히 보인다.

바람도 쉬어 가는 여름날에는 나무가 무성한 서포루 쪽으로 가면 좋다. 중앙도서관 계단을 내려와 왼쪽으로 가면 '차량 진입금지' 라는 길 위에 차들은 서 있지만 걷기에 무리는 없다. 간간이 눈에 보이는 커피집도 성 아래 도시를 내려다볼 수 있어서 커피와 풍경을 보고 싶다면 마음에 드는 커피집에 들어가면 된다. 눈길을 끄는 커피집이 군데군데 있다. 동쪽 북쪽보다 서쪽은 소나무가 유난히 잘 자라 있다. 아울러 성곽을 걸을 때, 시멘트 길이 아닌, 흙길을 걷고 싶다면 성 안의 길이 아닌 성 밖의 길을 택해야 한다.

바람이 흐르는 길 따라, 우리 예작회 회원들이 문학기행 때 화홍문 아래 천변으로 걸었던 길은 '모수길' 중 일부다. 수원에는 '팔색길' 이 있다. 예술시대작가회 문학기행 날에는 화성 행궁으로 직접 가느라 '모수길' 을 길게 걷지 못했지만, 화홍문에서 시작해 남수교에서 올라오면 지동시장과 팔달시장이 보인다. 그곳에는 "불취무귀"라 쓰여진 정조대왕의 동상이 있다. 술병을 들어 한잔 기울이고 있는 형상이다. 한잔 받아서 먹고 가면 참 좋으련만 모두 어이 이리도 바쁜 것인가 나의 눈에는 그렇게 묻는 것 같다.

불취무귀, 정조는 화성 축성 당시 기술자들을 격려하기 위한 회식 자리에서 '불취무귀' 라고 하였다. 즉, 취하지 않으면 돌아가지 못한다는 말이다. '불취무귀' 란 말은 실제 취해서 돌아가라고 한 말이 아니라 자신이 다스리는 백성들 모두가 풍요로운 삶을 살면서 술에 흠뻑 취할 수 있는 그런 아름다운 세상을 만들어 주겠다는 의미이다. 한편 아직도 그런 사회를 만들어 주지 못한 군왕으로서의 자책감과 미안함을 토로한 것이라고 쓰여 있다.

수원 화성 기행에서 빼놓을 수 없는 장소 방화수류정을 살펴보기 전 정조대왕에 대해서 알아보자. 정조대왕은 조선의 제22대 임금. 대한제국의 추존 황제. 묘호는 정조正祖, 시호는 선황제宣皇帝. 휘는 성祘, 자는 형운亨運, 호는 홍재弘齋, 선왕인 영조英祖 28년에 사도세자思悼世子(1735~1762)와 혜경궁 홍씨惠慶宮 洪氏의 사이에서 차남으로 태어났으나 출생 전에 형인 의소세손이 요절하여 실질적 장남이었다.

● 방화수류정

　화성에는 네 개의 각루가 있는데 이들 각루 중 화홍문 옆에 있는 동북 각루인 방화수류정訪花隨柳亭은 아름다운 건축 양식과 섬세한 조각으로 우리나라 근세 건축 예술의 대표작으로 손꼽힌다. 그 정자 아래로는 버드나무 늘어진 용연이 있다. 그 곁에는 수원성의 수문인 화홍문이 있고, 그 방화수류정에 올라가서 굽어보는 경치는 천하일품이라고 한다. 우리나라에서 가장 아름다운 정자를 꼽으라면 보물 제1709호인 방화수류정을 들 수 있다.
　방화수류정은 조선 정조 18년인 1794년에 완공됐으며 화성의 동북각루이다. 방화수류정은 전시를 위해 화성에 축조한 건물이지만 정자의 기능도 갖고 있는 건물로 석재와 목재, 전돌을 사용해 축조됐다. 방화수류정은 송나라 정명도의 시 〈운담풍경오천雲淡風經午天, 방화류과전천訪花隨柳過前川〉에서 따왔다.
　방화수류정은 평면은 'ㄱ'자형을 기본으로 하고, 북측과 동측은 '凸'형으로 돌출되게 조영하여 사방을 관망하는데 있어 어느 한 곳도 빠트리지 않도록 축조한 건축물의 백미로 알려져 있다. 정조대왕이 축성한 수원 화성의 시설물 중 한 곳인 방화수류정은 조선 헌종 14년인 1848년에 중수했고, 일제 강점기 이후 여러 차례 부분적으로 수리를 한 것으로 전한다.
　방화수류정에서 정조대왕의 한시도 감상해 보자.

　　　歷遍春城日未斜　봄날 성을 두루 돌아도 해는 아직 지지 않고
　　　小亭雲物轉晴佳　방화수류정의 구름 낀 경치 더욱 맑고 아름답구나
　　　鑾旂慣報參連妙　수레를 세워 놓고 세 번 쏘기가 묘하니
　　　萬柳陰中簇似花　만 그루 버드나무 그림자 속에 화살은 꽃과 같네.

　가을에 걷기 좋은 길로 창룡문 뒤쪽을 위에서 말했다. 노을이 아름다운 날, 창룡문 안에서 밖으로 나가면 제법 큰 감나무에 다홍색 감이 주렁주렁 열린 나무를 만날 수 있다. 성벽하고 어우러진 색채는 도회적이면서도 시골 정취까지 전해 준다. 〈순시〉라는 파란색 깃발은 저곳이 화성의 동쪽임을 알려 준다.
　창룡문에서 성 안쪽 길을 택해 연무대 지나 동암문으로 나가면 성곽 뒤편에 '나홀로 은행나무'가 있는 곳은 노란 은행잎이 바람에 흩날릴 때 가면 가히 환상적이다. 시민들이 애칭처럼 부르는 이름인데 당당함이나 수형이 잘생겨 그 이름에 대해 개인적으로 음미하게 한다.
　어찌 보면 본인 잣대의 눈높이로 말하고 있다. 총각이 가면 총각 은행나무네, 초등학생이 가면 아가 은행나무다. 어른들은 암나무인가 숫나무인가로 땅 위에 떨어진 은행 열매가 없음을 말한다. 무슨 말을 하든 상관없이 바람에 우수수 손을 내밀어 주는 은행나무.
　사실 언제라도 꼭 가 봐야 할 곳이 서장대(화성장대)이다. 서장대까지 가는 길에 모든 것을 볼 수 있으니 말이다. 서장대西將臺는 화성의 군사지휘본부로서 '화성장대華城將臺'라고도 불린다. 팔달산의 정상에 자리 잡고 있다. 1794년(정조 18년) 8월 11일 공사에 착수, 9월 16일에 상량하고, 9월 29일에 완공됐다.
　화성장대華城將臺라는 편액은 정조가 직접 쓴 것으로 알려져 있다. 서

장대에서는 성 전체가 한눈에 들어와, 화성 일대는 물론 이 산을 둘러싸고 있는 100리 안쪽의 모든 동정을 파악하고, 그 자리에서 군사들을 지휘할 수 있는 위치이다.

　지중해 빛 노을이 아름다운 서장대를 창룡문에서 바라다보는 노을의 시간, 태양을 마주하고 걸어 보시라. 눈을 감거나 외면하지 않아도 되는 노을의 시간이 얼마나 아름다운지….

[특집·수필 _ 수원 화성을 읽다]

화성 행궁

이|현|실|

　화성의 정문이라고 부르는 장안문 성城을 올려다본다. 그 옛날 수문장 복장을 한 사내가 잉크빛 도포 자락을 휘날리며 칼을 차고 걸어간다.
　2021년 가을 경기도 수원에 있는 화성 탐방을 나섰다. 수원 화성은 유네스코UNESCO 세계문화유산에 등록되어 있다.
　화성 행궁은 정조께서 모후이신 혜경궁 홍씨의 회갑연을 연 곳이기도 하다. 아버지 사도세자의 묘소가 가장 가까운 이곳에서 효심이 지극했던 왕은 묘소를 참배하며 오고가던 행궁에서 얼마나 많은 눈물로 용포를 적셨을까.

　아름다운 '방화수류정'에 휘휘 늘어진 수양버들을 바라본다. 시월의 달빛을 서늘히 품어 안고 맑은 결 따라 흐르는 용지를 바라보며 언뜻 한 줄기 비감에 젖는다.
　지금은 21세기. 수원 '방화수류정' 앞 한 토속 음식점에서 두 손으로 정성스럽게 맑은 술 한 잔을 올린다.
　위대한 유산 화성을 축조한 정조대왕과 당쟁에 쓰러진 그 옛날 충성스런 신하들과 망치질하던 석공들과 밭을 갈던 민초들, 오방색 깃발 날리던 군사들의 힘찬 함성까지 기억하며 모두를 위해 한 잔 술을 부어 올린다.
　또한 유장히 흐르는 그 도도한 역사를 위하여!

　　　　　　　　　　　—수필 〈화성 행궁〉에서 일부 발췌

시

고창영 | 권순형
김사라 | 김승배
김연대 | 김영교
김용수 | 김원욱
김정윤 | 김진경
김찬윤 | 나영채
류승도 | 마종옥
박대진 | 박종오
박종익 | 박지연
서경자 | 송낙현
송동호 | 송병호
양은진 | 오만환
유민채 | 유 유
이규자 | 이난오
이덕원 | 이병화
이성의 | 이원주
이춘재 | 이현자
이희철 | 정문택
정영호 | 정인관
제정자 | 조명희
조윤주 | 조현순
최수지 | 한상림
홍금자 | 홍성숙
홍현숙

시

국수 먹는 날 외 1편

고|창|영

국수를 삶습니다
부러질 듯 뻣뻣하고 예민한 시간의 허리춤을
펄펄 끓는 물에 우수수 흩어가며 넣는 동안

송송 썬 애호박을 향 좋은 들기름에 볶아 놓고
겨울과 봄을 보내고도 생생한
더욱 깊어진 묵은 김치를 썰어 둡니다

부글거리고 솟구치는
부끄러움을 정신나게 가라앉히듯
찬물 두어 번 넣어 한소끔 끓인 다음
쫄깃하고 말랑해진 마음가락
탱탱하도록 얼음물에 헹구어 건져
멸치 다시마 넣고 폭 고아 둔 육수를 부어 줍니다

애호박 듬뿍에 어묵이랑 쑥갓 조금
참깨 송송 뿌려 먹습니다
까실했던 시간이 부드럽게 젓가락에 말려 넘어갑니다

달밤

달의 심장 속으로 손을 넣었다
눈물못이 단단하다
얼마나 많은 기도가 못이 되었던가

 고창영 | 2001년 시 등단. 원주문학상, 강원문학작가상, 강원여성문학 우수상 수상. 토요시동인, 강원문협, 강원여성문학인회, 강원여성시인회 산까치, 원주문협 회원. 시집『등을 밀어준 사람』,『누워서 자라는 꽃은 없어라』,『뿌리 끝이 아픈 느티나무』,『힘든 줄 모르고 가는 먼 길』,『그리운 것은 그리운 대로』

배짱과 뱃살 사이 외 1편

권│순│형

내세울 것 하나 없어도
어느 것에도
누구에게도
조금도 굽히지 않고 옳다고 생각하는 대로
고집스럽게 버티며 살아왔다

환갑을 지나면서
배짱에 금이 가더니
종이배도 못 띄우는 배에
뱃살만 두둑하다

그래도 나는 날마다
배짱과 뱃살 사이를 오가며
안다미로* 세상을 헤엄치며 산다

어떤 날은 배짱도 부리고
또 어떤 날은 뱃살을 툭툭 치며
살아가는 민초라서 행복하다.

※안다미로: '담은 것이 그릇에 넘치도록 많이' 라는 순수한 우리말

숯불을 피우며

가을볕에 앉아 숯불을 피우다가
유년의 한 페이지를 열었습니다

쇠솥에는 눈이 부시도록 흰쌀밥이 익어 가고
장작을 때서 뜬숯을 만들고
어머니는 그 위에 석쇠를 얹어 고등어를 구워 주셨습니다

그 맛은 지금도 어제 같아 침이 고입니다

세상 사는 맛도 그와 같았으면 좋겠습니다

구수하기도 하고
간이 딱 맞아 자꾸 고등어에 젓가락이 가듯

사는 동안 따뜻한 마음으로 살아
자꾸 보고 싶은 사람으로 살고 싶습니다.

권순형 | 1998년 시 등단. 제25대 회장. 원주문학상, 강원문학작가상 수상.
강원여성문학인회 회원. 강원문인협회 고문. 시집 『동글동글한 말이 그립다』
외 4권

사계四季 외 1편

김│사│라

처음엔 푸른 꿈과 환희로 가득 찬
봄으로 내게 다가와
싹 틔우고 꽃을 피웠지

한때는 여름으로 나에게 스며
온몸을 핏빛으로 뜨겁게 달구었는데

오늘은 가을빛으로 내려와
쓸쓸함만 더해 주는 그대

내일은 겨울로 다가와
시리도록 아픔만 더해 주고 떠난
너의 등 뒤에서
봄을 기다리는 가슴앓이 시작되겠지
오! 내 사랑아.

연인

서로 사랑하였네
서로 사랑하지만
포기하지 않으면 안 되는 사랑

만나서는 안 되는 이별해야 하는 만남
그래서 안타깝고
그래서 더욱 부담스러운
만나면 허전한 사랑

헤어질 수 없고
만나서도 안 되는 사람.

김사라 | 2000년 시 등단. 제23대 회장. 국제문화예술상, 크리스찬문학상, 허난설헌문학상, 백두산문학상, 송파구예술인상 수상. 계간문예, 한국문인협회, 청시회, 동행창조문예 회원

시

고봉산 외 1편

김승배

구름도 건듯 머흐는 고봉이요
거슬러 올라보면 과시 태미太尾*로다
동해 물에 마른 목 적시고 단숨에 뛰오르른 삼각산
거침없이 타오르는 햇덩어리 눈부시어라

해 가는 길목 따라 남녘에 이르러
덕양 산정 드높이 우러르니
지친 의병들 밥 먹이고 옷 지어 가며
다 해진 앞치마 펼치어 돌 나르던 정철의 혼백
가물가물 행주 치맛자락 오늘은 가슴속에
나부끼는 깃발이 되어 무량으로 펄럭이느니
누가 무지한 삭풍을 두려워하랴
두 눈 부릅뜬 장사 바위 시퍼런 서슬 앞에

낮이면 푸지게 논밭 갈아 자식들 배 불리고
잘 익은 자둣빛 노을 흐르는 한강 위에
굽은 허리 돌아누우면 포동한 젖살 다사롭게 어우르며
내일을 헤는 풍요로운 고양의 들녘이더라

우리 아버지 땔감 하러 오르시던 구룡들이
겨운 어깨를 보듬어 주고
우리 어머니 시린 손 호호 불어 빨래하시던

시냇물 소리 아득하게 막힌 귓불 씻어 내리는데
개구쟁이 아기들은 개나리 꽃망울만 한 꿈들을
힘차게 날리며 뛰어노는 신나는 나라, 고봉산

그 어리던 정기 시나브로 맺히고 영글어
더없이 푸르고 푸르건만
뉘라서 산자락 베어내어 하늘 찔러 대는 아파트 숲으로
담장을 둘러치고 바람길마저 가로막아
휘이휘이 햇살 쫓아내려 하느냐
누가 산새들의 고운 울음에 재갈을 물리어
옹색한 세상이라 탓만 하는가

푸른 물 푸른 산이 우리의 목숨인 것을
푸른 산 푸른 물이 고양의 생명줄인 것을

바라만 보아도 스스로 자라나
우리네 가슴 가슴마다
속찬 사랑 가득 채워 주는 산
푸르디푸른 고봉산 기슭 아래 더불어
베개를 높이 괴어도 좋으리

※ 태미太尾: 고봉산의 별칭

강물

하마하마, 지친 사랑으로
헛발질하다 보면
사랑하는 일도 몸서리치도록
싫증날 때가 있다

샘물은 날로 메마르고
더불어 가꾸어 온 푸른 무밭 밑동부터
절로 시들해지면

등 굽어 농사일은커녕 누구 한 사람
곁을 주지 않던 몸, 괜스레
중천을 떠가는 햇살 불러 앉혀 두고
단비 소식일랑 어찌되었느냐
잔소리 늘어놓다가

눈목 좋은 산기슭에 명당 터 잡아
물과 뭍의 경계를 훌쩍 뛰어넘어
마애석불로나 앉았다가
눈에 밟히는 목숨들
보듬어 안아 주다가

세상사 끼어들기 힘에 부치면

다시 물로 돌아가
흙을 쓰다듬다, 쓰다듬다
못내 더 깊은 사랑에
겨운 몸마저 내어 줄 터이니

김승배 | 2004년 시 등단. 경기도 예술 공로상. 저서『사랑이라는 이름의 그녀』,『여름밤 시골은 언제 잠드냐』,『꽃봉오리 생각』,『별일』

파차유감破車有感 외 1편

김│연│대

가슴으로 밀려드는 그 무엇 때문에
정체불명의 그 무엇 때문에
조바심하며 안달복달하며
바퀴가 부서지도록 내달렸는데
시간으로 치면 대 꽃이 필 만큼
거리로 치면 이승의 끝자락쯤
무거운 짐 싣고 내달렸는데
돌아보니 제자리 맴돈 것
헛바퀴 굴린 것
해는 지려 하고 갈 길은 먼데
이를 어쩌나!
산그늘이 한 짐 또 무겁게
부서진 빈 수레에 내려앉고 있다

괜찮다

전화로 듣는 어머니의 목소리는
분명 힘이 없으신데
괜찮아요? 라고 물으면
괜찮다 하신다
어디 아픈 데 없으세요? 하고 물어보면
괜찮다 하신다
가시는 날 아침에도 괜찮아요?라는 철없는 물음에
어머니는 나는 괜찮다 하신다
'괜찮다' 가 '어머니' 셨다

김연대 ｜ 1989년 시 등단. 제13대 회장. 아시아 시인·작가협의회 시예술상, 녹야원문학상, 이상화시인상 수상. 시집 『꿈의 가출』, 『꿈의 해후』, 『꿈의 회향』, 『아지랑이 만지장서』, 『나귀일기』

부모님, 헌정 공원 만들다 외 1편

김|영|교

부모님 손끝 발길 닿던 삶의 터
부모님 공원 만들어 대대손손 물려주고 싶다
흙을 받아 동산을 만들고
부모님 고향 돌 실어 와 나무와 잔디를 심었고
온 가족이 헌시를 쓰고 서각을 하여 시심도 심었다
어머니가 철쭉꽃 가꾸시며 오르내리시던 길
자작나무 심고 돌다리 놓고 돌계단 쌓아서
어머니의 길 닦았다
집 앞 개울 돌 1,262지게를 지게 짐 져 올려서
진눈깨비 몰아쳐도 비바람 맞으며
돌탑 수십 개를 쌓고 쌓아 올렸다

나지막하게 올린 돌담 위엔
바위솔과 담쟁이가 이웃하여 물들어 간다
부모님이 터 잡으시고
자연이 허락하여 이만큼의 풍경을 만들었으니
아들, 딸 손주 녀석들
지치고 힘들 때 쉬어 갈 수 있도록
숨터가 되기 바라는 맘으로
나뭇가지 끝마다에 노란 리본을 달아 둔다

바위솔 동산

양을 키우는 목장에서
거추장스런 소나무 가지 자르다
공중에서 휘날리며 팽개쳐졌다
요추 3번 부서져
전신 깁스 상태로 하루를 살아가며
문득 드는 생각
아! 옛날이여
스키장 슬로프를 휘젓던 젊은 날의 내가 아니었음을
더 이상 만용을 부려서는 안 되겠다는 나를 보았다
은퇴자였다 나는

다시 일어선다면
많은 분들께 즐거움 드릴 수 있고
모진 생명력, 왕성한 번식력, 가뭄에도 마르지 않는
작은 얼굴로 수줍은 꽃대를 조용히 밀어 올리는
바위솔 동산을 설계해 본다

가장 양지바른 곳에는
아내 작호를 딴 설화당雪華堂 정원庭園이라
팻말 붙이고
나무 한 그루마다에 후손들 명패 달아 놓았고
가장 널찍하고 단단한 바윗돌 하나 앞에 서서

어머니 밥상이라 새겨 넣으리라

이 모두를 안을 수 있는 바위솔 동산 웅장한 곳에 세워 둔
비문은

"아버지는 나에게 큰 산山이셨습니다"

김영교 | 2017년 시 등단. 시집 『대관령 연가』, 『아! 목동아』. 수필집 『젊은날의 초상과 바람』 외 1권

월미산 자락에 위령비를 세우며 외 1편

김|용|수

어둠 쓸어내고 얼굴 내민 달을 따라
봄마다 진달래 피울음으로 번지는 이곳 월미산
대해大海로 흘러들지 못한 내 부모, 내 형제의 영혼이
제물포 갯바위에 맨살로 부서지네

조국의 수복과 자유를 되찾는다는 미명美名 하에
미군美軍이 삼일 밤과 낮을 함포艦砲로 길을 낸 자리
사랑하던 부모 형제를 포연 속에 묻고 내쫓긴 고향 마을에
통한의 세월 눈물로 씻어 내고 오늘 비로소 위령비를 세우네

이쯤이 울아비 울엄니 정겹게 앉아 얘기하시던 토방 마루터,
풀 먹여 널어놓은 하얀 모시 적삼에 동무들 얼굴 묻고
숨바꼭질하던 저쯤이 우리 집 마당 모서리건만
빨래 지탱하던 장대만도 못한 비 하나를 세우고자 달려온 71 성상星霜
세상사 부질없구나, 통곡의 세월 뒤로하고 쌓아 올린 이 작은 탑 하나!

지나가는 길손이여 가던 길 멈추소서!
그대 무심코 밟고 온 걸음마다 이곳 원주민의 피와 뼈가 묻혀 있다오
그대 지금 누리는 자유와 평화는 이곳 원주민의 목숨값이노니
잠시 옷깃 여미고 고개를 숙여다오
오늘 여기에 새긴 우리의 뜻 만대萬代에 이어지도록…

조롱박

봄볕 쨍쨍한 어느 날
까치 눈 비비며 새순을 틔우던 조롱박

지루한 봄볕 푸른 잎으로 가리고 기어오른 허공
철망을 붙잡던 너의 손에 뜨거운 물집이 돋았지
어떻든지 살아남아야 한다고
포기할 수 없는 생명의 의지 하나로
스스로를 추스르고 다짐한 가슴은 초록 물로 흥건했지

영겁永劫의 시간 속에 허락된 찰나刹那의 생명 하나
짧기만 하여라, 위태로이 매달린 창공의 나날들이여!
찌는 태양을 되레 축복으로 여기고
장대비 내리쳐도 포기할 수 없는 약속 하나 키웠지

그래, 우지 마라
서리서리 긴긴 설움 밀려와도 웃어야 한다
드디어, 양쪽 골반이 터지도록 힘을 주어 밀어낸 조롱박 한 알
푸른 줄기로 금줄을 두르고 피워낸 하얀 박꽃 속에 애처럽구나

이제 마지막 여정,
맑은 이슬로 몸을 씻고 찬 서리로 마음을 헹구리라
살아 생긴 이승의 업業을 모두 지우고

홀연히 찾아든 한적한 어느 산사山寺에서

색즉시공色卽是空, 공즉시색空卽是色
색즉시공色卽是空, 공즉시색空卽是色
……
수만 번 내리쳐도 같은 소리
부처님 말씀 전하는 목탁 한 알 되리라.

김용수 | 2006년 시 등단. 한국문인협회, 한국시인협회 회원. 글마루문학 동인. 저서 『내 영혼의 섬』,『며느리 길들이기』,『당돌한 저 꽃망울』

뱀처럼 외 1편

김│원│욱

슬금슬금 기다가

시원의 탯줄 꼼지락거리는 배냇저고리 속

고운 할머니 체취처럼

오색 비늘 차오른 인간의 마을

귀 눈 꼭꼭 닫고

옥죄이던 껍데기 벗어던지고

깊은 곳

우주 비우듯 슬금슬금

4월의 눈동자

꽃 피는 봄날
4·3평화공원 찾아 외삼촌 유골을 바라보다가
장대처럼 홀로 서서 비를 맞다가
끝 모를 밑바닥
버려진 뼈마디의 아우성으로 들꽃은 피어나는데
입을 가린 마스크와 흐린 안경 사이
파닥이는 빗줄기,
공중 가까이 꽃잎이 쌓이고
발자국이 쌓이고
인간의 옷자락 펄럭이는데
천계의 제단에서
내가 향기 품은 들꽃일 때
저것도 눈부신 흔적이었던 것을
거두지 마라
4월 깊이 젖어 있는 저, 저, 저, 눈동자

김원욱 | 1997년 시 등단. 시집 『푸른 발이 사라졌네』 외 3권

시

안부 외 1편

김|정|윤

어질머리 지병이 도졌다
병명은 궁금증이다
니코스 카잔차키스의 『그리스인 조르바』를 읽다가
어떻게들 살고 있을까?
사람들에게 멀리 떠나, 사람을 필요로 하지 않되
사람을 사랑하며 사는 것
가장 마음에 드는 문장을 뽑아 포스트잇에다 옮겨 적는다
30년 전의 아련한 기억을 더듬어
기다란 손가락을 막걸리잔 속에 집어넣어 휘휘 젓던
경악할 그 손가락은 다른 잔 속에서 다시 한 번 춤을 추고 멈춘다
손맛을 거듭 강조하던
박제된 미이라 선생과
유려한 산등성이 닮은 산복 선생과
유선으로 어렵사리 확인한 옛사람들
팬데믹 시대에 살아 있더라
살아 있으니 되었다
살아 있으니
묵정밭에 첫 마음처럼 낮게 핀 채송화
첫 마음처럼
알록달록 어질머리 병이 완치되었다

엄마의 봄

너희들은 모를 거야
저 봄
저 꽃망울
저 연녹색 잎이 어디서부터 오는지를
늙은 중신애비의 헛소리만큼 도도록한 밭고랑에
지난밤 깊은 한숨을 버무려 씨감자를 심는다
나는 전생에 무슨 미련이 많고 많아 도망을 가지 못했을까?
감자의 푸른 독이 하늘로 향하게 하여 가만히 흙을 덮는다
흙의 발소리만 듣고도 잘 썩어야 할 것이므로
가진 연장이라곤 달랑 몸뚱이 하나
그 연장으로 열 자식을 감자처럼 키워 냈다
울 엄마는
손톱이 자란다는 걸 잊은 지 오래
오그라든 손가락을 펴며 엄마는 진양조 타령으로
한 곡조를 뽑는다 한~ 번~ 간 사람은 돌아올 줄 모르네
꽃은 해마다 피고 지고 온 천지가 꽃대궁인데
너그들은 좋겠다 부모가 있으니
구순이 내일모레인 엄마의 그리움은 어디로 향하고 있나
굳이 여기 골짜기처럼 스며든 이유도 살기 위함이었으니
모진 목숨 때문이었으니
엄마는 이승의 짓무른 눈을 떠 몇 번의 봄을 더 불러 볼 것인가
주름진 입술로 몇 번이나 감자꽃을 더 씹어 볼 것인가

한 서린 눈먼 바람 벽을 이제는 홀로 견뎌야 할 것이야
이 연장이 다 닳고 녹슬어

흙의 노래가 될 수 없을 때까지

김정윤 ǀ 2001년 시 등단. 허난설헌문학상 수상. 시집 『길이 아니어도 길을 만들며』, 『달의 가벼움』. 수필집 『반대로 도는 톱니바퀴』

카카오톡 외 1편

김│진│경

칸막이 사이에 지하가 있고
그 지하에는 많은 방들이 숨어 있다
납작하게 가라앉은 말들이 소란스럽다
하루에도 수없이 만들어졌다가 사라지거나
시시때때로 드나들어야 하는 이 방 저 방,
방에서 들려오는 많은 수다들이 때로는
불쑥 지상으로 떠오르기도 한다
수없는 말을 밀고 당기는 미닫이 방에서
단순하고 익숙하게, 그러나 조심스럽게
비밀번호에 갇혀 살아야 한다
사색이 실종되어 가는 방에서
때로는 바닥까지 저울질당하고 나서야
휴식이란 방을 찾아 동면에 든 적도 있다
잠시 철커덕 잠가놓은 문을 열면
자기 방으로 어서 들어오라 소리친다
카페인보다 더 중독적인 멜로디

카톡, 까톡
오늘도 노란 자물쇠를 물고
나를 견인하고 있는
번지수 없는 수많은 방들

토마토 오케스트라

첫 음은 미로 시작하자
토마토 줄기가 오선을 그어 대면서
앙증맞은 입술로 합창하는 방울토마토,
하늘에 푸른 악보를 그리며
서로 다른 음으로 바람을 일으키고 있다
그 바람의 목청을 빌어 악보를 켜보면
들숨날숨, 낮은 도, 낮은 레
한 옥타브 올려야 하지 않을까,
어제 불렀던 노래는 다시 부르지 않겠다고
목청 툭툭 터지도록 목소리 가다듬어
반음 낮게, 혹은 반음 높게
아침마다 새로운 음표를 그려 넣는다
미처 들려주지 못한 이야기,
오르간을 켜고 나팔을 불고,
첼로를 한 옥타브 높이며
교향곡이 되어 담장으로 뛰어오른다

김진경 | 2008년 시 등단. 아토포스문학, 글마루문학 동인. 시집 『붉은 열차』

외할머니 손맛 외 1편

김│찬│윤

한여름 감자 캘 무렵이면
시골 외할머니 생각난다.
감자강판에 썩썩 갈은 즉석 감자부침이
강낭콩 넣어 빚은 감자송편 맛에
더위는 잊고 배부르게 먹어야 물러난다.
느린 엄마보다 할머닌 몸도 손도 빨랐다.
"9남매 키우려면 돈이 많아야 하는데…!"
외동딸 엄마 살림이 가난하고
외손 많은 게 할머니는 한恨이다.
아버지 처세가 마땅치 않다는 이유도 있다
허겁지겁 먹는 나를 보시던 할머닌
"돈은 남이 모르게 응달로 모아라"
"아껴라, 돈 없으면 너만 서럽다."
맏이인 내게 하신 지혜의 말씀을 잊을 수 없다
초복을 앞두고 다녀가라는 딸의 전화에
눈썹 문신에 파마한다며 싱글벙글하는 아내
선물보따리 주섬주섬 챙기느라 분분하다.
서둘러 고속버스터미널로 갔다.
코로나19로 버스 시간도 이용객도 줄었다.
차창 밖 산마을의 빨간 지붕이 스쳐 지나간다.
어릴 적 외할머니 집이 선명하다.

돌 · 21
―백령도 콩돌해안에서

평화, 어떻게 해야 닿을까!
오직 물에 순종하며 꿈꾸었을
수정같이 맑고 고운 콩돌
자그르르~ 또르르 자그르르~
낡은 영혼의 음성으로
썩어 뭉그러져 모래알이 될 때까지
백령도를 떠날 수 없다 한다.
활짝 열고 위장한 담 안에 갇혔구나!
순간, 글썽이는 눈물 꾹꾹 눌러 찍으며
태연한 척 북녘을 우두커니 본다.
북받쳐 오르는 눈물 속에 스치는 얼굴
외할아버지랑 금강산 수정굴을 가봤다는
생전의 어머니 얘기 생각나
건너 장산곶을 보며 아버지 고향 상상한다.
철 얼 썩 자그르르 또르르 기도하는 소리
사람만 우는 게 아닌 콩돌도 운다.
콩돌해안은 자연 보고寶庫다.

김찬윤 | 1987년 시 등단. 제10대 회장. 한국문인협회 강릉지부 회장 역임.
새마을문고중앙회 강원도 회장. 강원문학상, 관동문학상, 강릉예술인상 수상.
시집 『가슴 채우는 노래가 되어』 외 9권

천의天衣 외 1편

나|영|채

나무개구리 북적이던 웅덩이
마른 잎 날아 앉는다
물그림자 동여매듯
한낮 햇살이 감싸고
물푸레나무 팥배나무 개암나무
힘들었던 기억은 잊어버렸는지
제 살점 제물로 바치듯
차곡차곡 쌓아 놓은 완벽한 몸짓
아무런 욕심 없이
때가 되면 떠나보내는
시린 마음 묵묵히 바라보고 있다
마음의 헛간까지 안착하는 평온
사방을 둘러보아도
하늘이 지은 옷은 흠이 없다

화살나무의 전언

붉게 타오른 화살나무 울타리
갈바람이 지나다닌다
혼잣말이 따라간다
나를 구원하고
나를 떠나 버린 말들
스쳐 간 바람결에 흩어지고
힘이 없는 과거가 되었지

초록을 온전히 버린 저 나무처럼
새끼손가락 걸며 약속한 그 말
공중분해 되었다 한들
울타리에 깃든 핏빛 전언은
농밀하게 읽어 내야 한다
곤고한 하루하루 건너온 애련이
잎사귀마다 묻어나지 않는가

모가 난 말들을 그러모아 만든
또 한 세상과의 낯선 조우
그 어떤 코드도 맞지 않아
끊임없이 아팠던 시간 속의 시간들
지금부터 내가 할 일은
점점 달라붙는 지독한 회한을

곱게 물들여 맑히는 일이다

좋은 기억은 살아가는데
큰 힘이 된다니

나영채 | 2016년 시 등단. 시집 『파란 시간이 있다』

시

C 외 1편

류 승 도

탄,
검은 피부 하와이 마우나로아
℃의 심장보다 백 배 더한 40,000ppm[1],
고농도 능소화 넝쿨로 자고 싶은 잠
살 활 살 활 속 타는 몸
타는 목 축이어 다시 태우는 산 음료에

탄,
나의 가난은 당신으로 비롯되었으니
나 당신으로 부유한 이제사
당신이라,
검은 바위를 태우며 휘감아 오르는
청동기 이전부터였을까? 현의 도가 짚어지자

탄,
화상에 상기된 지구의 얼굴
당신의 여름 숨결
나의 검은 속 다 타도록 능소화 피고 지고
오 내 푸른 핏줄에 붉은 꽃 태우며
철 철 한철 가네.

탄,

수소 귀족주의

나는 탄소중립, 넷 제로? 시대를 맞아 수소? 귀족주의를 말하고 싶다

수소는 생성 방식에 따라 색깔로 구별하니, 너는 지구를 위하여 인간을 위하며, 탄소를 얼마나 덜 배출했나?
족보가 드러난다

브라운수소가 갈탄이나 석탄으로 만들어진 수소이니. 탄소를 많이 배출했다

그레이수소가 부생수소, 화석 연료를 사용하는 생산 공정에서 나오는 부산물 또는 천연가스를 개질하여 만든다, 역시 탄소를 많이 배출한다

블루수소가 배출한 탄소를 다시 포집-사용-저장[2]하니, 탄소를 덜 배출한다

그린수소가 화석 연료가 아닌 신재생에너지[3]를 이용, 물을 분해하여 만든 수소이니
탄소를 배출하지 않는다
습생이 귀족이다

2050년 지구 기온? 상승을 1.5°C 이하로 유지하기 위하여
누구나 다 하지는 않는?

책임을 다한다

누가 귀족이 되고 싶지 않은가, 지구의 나여!

1) parts per million: 100만분율
2) CCUS(Carbon Capture, Utilization & Storage)
3) 신재생에너지: 재생에너지인 태양광, 태양열, 바이오, 풍력, 수력과 신에너지인 연료
   전지와 수소에너지를 말한다

류승도 | 2004년도 시 등단. 시집 『비행기로 사막을 건너며 목련을 생각한다』, 『라망羅網&L'Amant』

법조로 오후와 카페 여인들

마 종 옥

일 분 인사
일 분 미소
일 분 착석

착석 하나
풍부한 상상력을 발휘하는 모 회사 사장의 서울 여자
하나님과 시집간 딸과 잘생긴 아들, 잘나가는 남편 틈새에
살림으로 내조를 한다는 애교가 많은 여인은 기독

경험을 통해 얻은 인연은 공해가 없다
의자가 편안해서 엉덩이가 무거워서
절대적인 신뢰가 바닥에 깔려 무공해 공기가 휴식이다.

착석 둘
공인중개사 자격증을 손에 쥔 여자
코로나19 피하기 작전 성공으로 이끈 여가 활용은 진보라며
꽃차를 마시며 옆자리 인연을 챙기며 변호 법을 내조하는 새댁은 제주 여인

어울림의 자리
부드러운 말솜씨 잔인할 정도로 안 맞어 어울리는 것은
배려와 일상이 안정적이라서 심술과 허세까지 매끄러운 것이다

착석 셋
생 반년을 일곱 나라에 한국어를 전파한 외교관 부인
앤틱 그릇을 만지고 닦고 쓰다듬는 게 취미라, 행복이라, 남달라서
호기심이 유발되는 급발진 충청도 여자

여인들 모습은 비슷함이 없다
일상에 지친 에너지를 충족시키는 잠깐
불편의 소리가 씻기고 깔깔, 호호 특별한 웃음이 맛깔스럽게 전달된다

착석 넷
약을 다루는 남자를 내조하는 서산 여자
책과 살림이 좋아,
아이스아메리카노로 오후를 사고 휴식을 만지는 여인은
전시 작품처럼 의자에 파묻혀 강한 시선을 던지는 용내래미 시인이다

안락한 의자를 만드는 건
앉은 사람이 안락하다 느낄 때 만들어지는 것이다
생각과 느낌은 평행선처럼 만들어지니까

착석 다섯
부산 사투리를 애교로 둔갑시키는 기술
광교 호수마을 법조로가 좋아 땡강 이사했다는 거침없는 고백에 흔들림이 없다
공무 사무관 부인의 자세를 완벽하게 갖춘 부산 아주매

물은 고이는 곳에 모이는 법을 증명한다

고운 마음씨를 한곳에 몰아놓으니 화사한 꽃 만발이다
스스로가 관객이며 주인공이니 손님이고 주인이다

착석 여섯
시집간 딸네 방문하며 돌봄 자청한 여자
교수 남편 내조가 우선이라는 여인은 친정어머니의 핸드메이드 옷과 가방을 메고
으름장을 놓는 대구 사투리 여인은 장모다

어제의 실수를 버리고 오늘의 주제를 산다
연속되는 배움의 길잡이는 기타를 끼고
펜을 휘돌고 입을 즐기는 연속이고 연타다

착석 일곱
딸만 둘인 사람 나오란다
기쁨을 어깨에 매달고 늘씬한 기럭지*의 여인은 자동차를 만지는 남자의 여자다
밭과 논을 가진 그의 한 손에는 늘 나눔을 실천한다

각자의 표정은 도드라지게 다르지만
서로의 행복을 붙들고 아픔을 털어 버리며
단단한 정을 얽어매며 보듬는다

착석 여덟
장가간 아들 둘의 그리움에 젖어 사는 여자는
전국 도로를 연구하는 남자의 전주 여자다

걷은 모습이 이쁜 여인은 건강이 최고라며 강한 일침을 준다

법조로 여인들은 오후를 만지고 광교 호수마을 소중히 여긴다
책을 사랑하는 소중한 인연을 게을리하지 않은 여인들
어느 명약과 비교를 할까나, 보약이다

카페의 주인장 여자는 시어머니
커피를 내리고 런치를 만드는 훌륭한 음악가다
카페 온도는 올라가고
매출전표 상승 곡선일 때 입꼬리가 오르고 내리고
카페의 여인들은 덩달아 의기양양하다.

※기럭지: 충청도 방언

마종옥 | 2018년 시 등단. 대우조선 해양문학상, 농촌문학상, 한국불교문학상, 전국문학관협회상, 중앙뉴스문학상 수상. 시집 『젓두리』, 『용내래미』, 『쉼』

무자식 상팔자 외 1편

박│대│진│

　무자식상팔자無子息上八字 타령을 놀아 보자
　본시 무자식은 근심우환이렸다
　갖은 고행 끝에 얻은 자식 귀하다 귀하다 불면 꺼질세라 어루달래 키웠겠다
　머리 굵어 싹수 보이던가 논 팔고 소 팔아 한양 우골탑을 보냈건만 고관대작 판검사하라는 학교 공부는 둘러메치고 만세 데모판에만 나서더니 결국 빨간벽돌학교에 처박혔것다

　자식놈 급하다는 전보렸다 급하게 소를 내어 철마를 잡아타고 평생 못한 서울 구경시켜 주는 자식놈 보고잡다 홍알홍알거림서 애비가 나섰것다
　이렇공 저렇공, 수소문해 빨간벽돌학교 담장 밖에 쪼그려 어둠 걷은 국밥을 말아먹는데 꼬락서니가 제 말고도 시골 촌놈 서넛이라 어쩌고 말 섞어 보니 변호사를 사야 한다 간수장도 한줌 먹여야 한다 곽밥은 부실해서 담장 밖 밥을 들여보내야 한다 솜바지저고리를 넣어야 한다 지끈거리는데, 난생처음 꿀맛 같을 서울 밥에 모래알이 서 말이라… 모두가 담장학교에 간 자식 걱정이라…

　첨지가 서당글을 배우긴 배웠는데 학교담장 휘둘린 "무자식無字食 상팔자上八字"를 도통 알아먹을 수가 없는지라 이내 국밥집에 되돌아가 가막소 담장에 "무자식 상팔자"란 말이 뭐유? 물었겠다.

국밥 말던 아지매가 베시시 웃음시롱 하는 말 여그 학교 사람들 하는 말인디, 자식 없다는 "무자식無子息이 아이고 글자 박지 않은 밥을 말하는 거고만이지 않소" 말한디, 아 근디 그 야그도 당최 못 알아먹겠어서 "밥에 글자를 뭐 한다고 박는다요?" 하였겠다 "어허 이 냥반 가막소 면회 신짜배긴가 봅소?" 되묻고는 시골 양반 이리 오소 불러 앉히고 일장 훈시를 하는데…

가막소 틀밥은 부실허니 먹어도 먹어도 배고픈게 밥이 적다고 아우성인께 우리네가 만들어 가막소 들여보내는 것이 사식私食이오, 가막소에 허구 많은 사람들 들앉으니 밥공장서 만드는 밥은 원체 낱곡이 부실하고 그 밥풀에 매달린 주디도 하 많은게로 양도 적어 뭉쳐지지 않으니 틀에다 밥을 우겨서 한 덩이씩 주니께 "틀밥"이다 "곽밥"이다 안 하요. 그 틀밥도 여기저기서 맨들고 죄수들도 밥등급이 있응게 논가주는 밥이 달라부러요 허니께 밥틀마다 우리 밥이요 자기네 표시를 한다말이요. 그라고 밥 먹고 탈 나불면 책임지야헝께 말이요. 혀서 가막소 밥은 모다 글자가 꽉꽉 찍혔다요. 그러니께 글자 안 박은 사식이나 집밥 먹는 사람이 상팔자다 한다요.

혀서, 서울 갔다 온 시골 양반 서울은 갔다 왔으니 서울 구경 일장연설 하는데, 망신스러운께 자식이 가막소 갔다고는 말 못하고 학교 갔다고 허고 그 학교 밥 야그를 유식하게 한다고 야야, 조선에서 제일 큰 핵교 담뿌락에 "무자식無字食이 상팔자上八字"다 필적 좋게 쓰였당게…

그로부터 "무자식이 상팔자"인겨라고, 무식한 유식이가 말했다고 하더란다요.

울어서 아름다운 여인

이승과 저승 잇는 길을 간다
저승길 울음으로 밝혀야 하느라
제 목농目膿을 태워 내는 촛불 여자

에호, 심금 요령을 울려라
망자여 너를 위해 울어 주리라
진양조 곡을 뿌려 북망길을 부여잡는다
울어서 망자의 복을 지어 축원하느니

에호, 산 자여 슬프도다
너의 애한哀恨 위로하노니 울어 주리라
눈감아 영면의 세계를 무시로 보았느니
구천 헤매는 망자를 이끌어 저승문 인도하리라

에호, 그렁그렁 북 메겨라
창랑滄浪을 흩는 봄비 시름 앓아
버드나무 깃 빚어낸 바람으로 살았으리
찔레꽃 젖은 고샅길을 가느니라

"보름을 울었으니 달포를 울어 주리라"
울고 울어 저승길 열어 드리오

그 여인 곡비哭婢

박대진 | 2003년 시 등단. 제32대 회장. 한국문인협회 화성지부 회장. 시집 『건널목의 단상』, 『시와 에세이』

바다 무덤 외 1편

박 | 종 | 오

백합白蛤은
하루 두 번씩 뒤틀리는 바다를
품었다 뱉으며
백 가지 문신을 껍데기에 수놓는다
별똥별은 지구에 윽박지르듯 달려와
우주의 물감 풀어놓지만
사람들은 아랑곳없이 저마다의 욕망을
바다에 심는다
플라스틱 조각에 목 걸린 철새가
뻘 위에 지그재그 음표 그리면
바람은 뒤따라가며 구음으로 절창하고
모래는 숨 고르며 달빛으로
업보를 씻어 낸다
윤회의 바다에 시체들이 쌓인다

꽃장년

참고 견디며
깎이고 뭉개져
손가락 사이로 빠져나간
마음의 알갱이
길 위의 나부끼는 만장挽章이 되었다

흰 것을 희다
검은 것은 검다
아닌 것은 아니다고
웅변 아닌
부드러운 눈짓으로 말하니
사방이 고요하다
나비 애벌레 한 마리 키우며
저만치 홀로 노을 지는 너

박종오 | 2009년 시 등단. 한국문인협회, 혜화동詩문학 회원

시합 외 1편

박 종 익

물속에서는 단 한 번도 주먹으로
바다를 때려 본 적이 없는 아이들
백사장 위에서는 물 주먹을 쥐어 보지만
파도와 싸울 때만은 손바닥을 편다
갯바위에서 잡은 참고동을 걸고
너럭바위까지 물속을 달리는
새카만 원시의 전사들
명절이면 불알친구들 불러모아
오랜만에 한잔 거하게 들어가면
갯바위에 오지게 붙어 있는
화려한 무용담이
저마다 기억 속에서 꿈틀거리며 살아 나와
잊히지 않는 전설이 된다
그것을 기억하는 증인은 희미하지만
패자의 기억은
벌써 파도에 쓸려 간 지 오래다

대학살극

샤갈의 마을에서 대학살이 시작된다
몸통이 잘린 채 누워 있는 오방색 무리
생년월일은커녕
주민등록번호가 없는 어촌 출신들
어린 당나귀 목에는 아직도 흰 피가 낭자하고
까도 까도 속을 알 수 없는 고동
사지가 절단된 채 단단한 속을 드러낸 고등어
대부분 죽은 이들의 속은 겉과 다르지 않다
그 옆에 시장표 검은 비닐관 속에는
열 개나 되는 다리를 늘어트리고 있는 오징어
편육 당한 오징어의 육신을 거둬들여
불판 위에서 거행하는 화형식
그것도 모자라 가위로 다시 토막 살인한다
빨가벗겨진 마늘도 한통속이다
아직도 흙에 들어가면 뿌리 내리고
가지 치면서 잎사귀 달 것만 같은데
숟가락과 젓가락에 내장을 다 빼앗긴
빈 접시에는
승자의 웃음이 물컹물컹 묻어 있다
샤갈의 마을은 언제나 죽음의 대서사를 받아들이고
학살로 얼룩진 흔적을 닦아내며
다음 개정판을 준비한다

오늘 아침 사무실이 정갈하다
모두가 샤갈인 양 서로 입 다물고 있는 책상들
말년 김 부장의 자리에 상여 꽃이
빠알갛게 달아오르고 있다
더러운 개정판 앞에서 후회가 밀려온다
이제 오십인데
남은 오십 년이 바람에 흔들거린다

박종익 | 2016년 시 등단. 한국해양문학상, 해동공자 최충문학상, 안정복문학상 외 다수 수상. 아토포스문학 동인. parkji1770@naver.com

시

키웨스트 Keywest 외 1편

박│지│연

카리브해의 바람이 시원한
미국 남단 키웨스트
문학의 고향
자랑스러워하는 미국인들
부러운 세계인들
작품 쓰던 타자기 문학의 향기가 서린다

가게마다 거리마다
살아 있는 헤밍웨이 만나려
공항에 쏟아지는 인파
키웨스트는 만원이다
관광객이 풀어놓는 달러
이미 섬, 어촌이 아니다

문학이 이끈 경제 도시
섬을 잇는 163km의 다리는
경제 산업도로
턱수염 짙은 헤밍웨이는 지금도 살아
활력 넘치는 키웨스트
플로리다주를 살리고 있다

※2019년 2월 본토는 추위도 이곳은 한여름 카리브해에서 부는 바람이 상쾌하고 헤밍웨이의 팬이 몰리는 키웨스트는 만원이다. 그는 가서도 도시를 살린다.

강변의 불빛

하남시로
달아나는 자동차
강 건너 환상의 불빛

남한강 라이브 카페
토방에서 기타를 키는 가수
가을밤 이슬보다 가슴을 먼저 적신다

추석날 초저녁
까맣게 흐르는 강물 위에
사랑의 선율 꿈처럼 흘러가고

나뭇가지 사이로 별 하나
강변의 불빛 따라 설레는데
그리움은 그림자로 맴돌고

애절한 기타 소리
기둥에 기대인 가스등 희미해도
가슴에 가득 채운 추석날 보름달.

박지연 | 1994년 시, 수필 등단. 동포문학상, 소월문학상, 계간문예 작가상, 황진이문학상 대상, 방촌문학상 본상 수상. 국제PEN 한국본부 자문위원 역임, 현 이사. 시집『그대 눈에 비친 달』외 다수. 에세이집『1달러의 발견』,『세계인의 조건』외 다수. park6361@hanmail.net

시

누룩꽃 피던 날 외 1편

서 경 자

하얀 배꽃이 휘날리면
모락모락 피어나는 그리움
실크 블라우스 즐겨입고
상큼 미소를 띠우던 그녀는
물 한 모금 삼키지 못하더니
뽀얀 쌀가루만 남긴 채
머뭇거리며 떠났다

속살대던 그리움
안으로 삭이던 날
늘어난 눈물은
수억 마리로 부풀어

몽글몽글 보고픔이 피어오르면
이화주란 눈물을
솔솔 흘린다.

빨간약

추위가 목을 감싸고
손가락 마디마디 시리다 아우성

살얼음 가슴속까지 파고를 높인다
마지막 한 잎 살랑 내리꽂힌
심장에
죽 그어 놓은 외로움의 상처
삐죽이 내민 갈퀴 같은 맨살

빨간약 슥 문질러
아픔을 숙이고 나면

가슴 가득 고통을 이겨 낸
설렘 가득한 치료 시가
맑은 햇살 받으며
빨간약 시로 피어난다.

서경자 | 2004년 시 등단. 한국문인협회, 문산문인회 회원. 시집 『이런 날 꽃이 되고 싶다』. 100solt@hanmail.net

시

입추立秋의 계절 외 1편

송 | 낙 | 현 |

늦여름 땡볕 길에 매미가 죽어 뒹굴고 있다
여름내 즐겁게 노래 부르고 장렬하게 생을
마감했는가 보다 개미가 모여 밀고 끌며
성대하게 장례를 치르고 있다

여름과 가을 사이 입추의 계절에
산과 들 여기저기 낙과처럼 매미가 떨어지고
떨어지는 매미 따라 여름 가고,
귀뚜라미 노래 앞세우고 가을이 온다

장마철 먹구름 사이로 그래도 가끔씩은
눈부시게 파란 하늘 언뜻언뜻 뭉게구름 꽃피우며,
밤이 되면 조금씩 산들 해시는 바람 속에
달과 별이 한층 더 총총히 밝게 빛나는데
귀뚜라미 선창先唱 따라 풀벌레 합창하며
오곡백과 영글어 갈 가을의 찬가를 부른다

매미 따라 여름 가고
귀뚜라미 노래 앞세우고 가을이 온다
이별 그리고 새로운 만남
입추의 계절에…

보호자 품앗이

코로나19 예방 접종 보호자로
품앗이한다

내가 맞을 때 아내가 보호하고
아내가 맞을 때 내가 보호하며
밤새도록 곁에서 조마조마
숨소리를 듣는다

여기저기 떨어져 살고 있는
부모, 시댁 부모, 친정 부모, 형제 자매,
아들 내외, 사위 내외, 이집 저집
서로서로 품앗이한다
옆에서 지켜 주고
아이들 돌봐 주고

백신 접종 보호자 품앗이는
코로나 시대를 헤쳐 나가는
상생의 새로운 품앗이이다

 송낙현 ｜ 2011년 시 등단. 영랑문학상 본상, 경맥문학상, 시세계문학상 본상, 순수문학상 대상 수상. 한국문인협회 회원. 시집 『바람에 앉아』, 『강물도 역사를 쓴다』. snhy@hanmail.net

시

작가 미상

송│동│호

나는 검증하려 한다

숨 막히게 아름다운 초원과 협곡들의 장엄한 액자를,
존 콜트레인[1]의 '블루 트레인'[2]을 들으며
오후 2시 케이프 타운발 블루 트레인[3]을 탄다
콜트레인의 이름에도 기차가 있는 건 우연인가
남과 북의 관통,
케이프 타운에서 카이로까지 연결은 아프리카의
꿈이었지만 잠베지강 다리에서 멈춘다
부산에서 압록강까지의 진출은 우리의 절실한 과제이지만
사람에 따라 그 상처의 지점은 제각각이다
평양이나 한라산이 될 수 있기에,
상고해 보면 동서는 화해, 남북은 반목의 예가 허다하다
미동도 없는 만년빙 아래의 아득한 봄을 위하여
더 이상 흘릴 눈물도, 더 이상 떼어 줄 살점도 없다
이제 극본을 수정할 때가 되었다

나는 따뜻한 위로를 보내려 한다

서릿발 같은 고달픔의 일상에서 담배 한 개비나
말러의 교향곡은 금방 효과를 보는 연고와 같다

엄습하는 하루의 피로를 어깨에 지고
집으로 돌아가는 어둡고 좁은 길의 담벼락엔

무시무시한 낙서들이 칼날처럼 돌출해 있고
늘 젖은 눈으로 바라보던 창문 너머의
태초 이브는 결국 어머니였다

이브는 과연 교사범인가

불특정의 사람들에게 수시로 찾아오는 특정한 위협
가령 만연한 감염병의 암담한 예고에서
위기가 최고조에 달할 때
감기처럼 수시로 끌어안으라고 명령한다

모란꽃에 둘러싸인 뜰은 다시 보지 못하리

온 동네에 고기 삶는 냄새 가득하던 시절은
결코 다시 돌아오지 않으리…

'존재의 증명'이란 필독서는
결국 의식에서 거의 지워져 버린 위험들이
오래전 만들어 놓은 실행 극본이었다

나는 황혼이 바라보는 또 다른 황혼에 대하여 말하려 한다

공개할 수 없는 애인이 있다는 고백은
그가 보통 사람이라는 것을 의미한다
빈방 바닥에 침대를 자꾸 그리는 작업을
기도의 요체라고 인식하면
그것은 어느 날 평안이 문을 두드린다는 기대이다

귓불이 간지러워 누군가를 불러보지만
아무 기척이 없다
그 많던 부하들은 모두 어디로 줄행랑친 것일까

삶에 일백여덟 번째로 드러나는 벌레 먹은 자국이여

긴 낮과 짧은 밤의 교차
먹고사는 문제가 적절히 해결되도록 기획된 설계
결코 평준화될 수 없는 서열에 관한 입법
필요할 경우 풀을 먹을지언정 사회주의 원칙을 포기하지
않겠다는 마르크스—레닌주의자들의 모욕죄에 대한 의율

으르렁거리는 부하들의 성대는 한번 살펴보셨습니까

"내가 동산에서 금지된 나무 열매를 먹었나이다"
아담은 눈이 밝아 부끄러워졌고
주범인 나무에게는 아무 일도 일어나지 않았다
산산이 부서져 내리는 텍스트 '참 보기 좋은 세상'
기자記者는 이제 작가가 누구인지를 밝혀야 한다

창세기를 다시 써야 할 오메가의 시대가 도래하였다

1) 본명 존 윌리엄 콜트레인(1926-1967)은 미국의 재즈 색소폰 연주자
2) '블루 트레인' 은 존 윌리엄 콜트레인의 1958년 발매한 명반
3) 블루 트레인은 남아프리카공화국의 케이프 타운과 프리토리아 등을 잇는 호화 부정기 관광열차

송동호 | 1997년 시 등단. 계간 문예연구 신인상 수상. 글마루문학 동인.
maysongdong@daum.net

시

잊힌 것들에 대하여 외 1편

송 | 병 | 호

점점 단단해지는 풋것들로
여름이 출시된다
주 종목은 목줄에 매달린 KF94 마스크
콧등에 걸치고 간다
챙 모자를 치키고 이마를 훔치고 호흡을 고르고
백사장이 걸어가고 있는 것이다

손선풍기와 리조트 분양 광고가 활활 타는 플라스틱 부채
하얗게 절인 눈썹 선의 간기
파도를 건너온 네 별 내 별의 원자재들이다
시인의 시중을 돕던 하청업자였다

올여름 휴가는 남도 다도해
허풍일수록 볼륨을 높이는 법

에어컨 콘센트를 분리하고 초인종을 잠그고
1000cc 키를 꽂고
휴대전화 카카오내비 검색기를 들고
새벽을 젖히자 전조등에 달라붙어 실신한
하루살이의 헝클어진 붉은 입술

바퀴벌레가 라면 국물에 빠져죽었다는

그 민박집
시치미를 뚝 떼고 있네

허름한 재고가 출시된 여분
흠집을 모아서 질 좋은 여름을 생산해내는 일은
70% 개인 방역과 30% 백신의 몫이다

불을 다스리는 것이 냉수뿐일지라도
장미는 아픈 쪽에 가시를 돋우듯이
까만 문맹으로 잇힌 올여름
어느 해보다 뜨겁게 소비해야겠다

시접 접힌 턱 마스크 D-day에 맞춘다

고치와 애벌레의 궁전

밤 10시쯤 지붕이 통째로 실린다

꾹 닫힌 침샘의 농도야 절대 고독
궁전의 별자리를 짚어 가는 리뷰
타인을 침범하지 않을 우회로를 돌아
은하를 횡단하는 별의 혀
불 꺼진 묘지를 걷는 축약된 잠언일까

상상을 분해한 부호와 주어가 낀
AI를 모방한 5G 주파수가 충돌하는
희극과 비극의 한 페이지
좁혀지지 않을 고래의 섬에서
고치가 화석이 되었다는 전설은
나비 되지 못한 애벌레의 등뼈였다

운율은 시詩가 리듬을 타는 징검다리
별자리와 별자리가 섞이는 칸의 은유처럼
말 줄임 무르익어 가는 걸상 다리 침묵의 행간
극히 편파적인 Wi-Fi 증폭기

고독을 걸치고 앉은 마네킹
종이 인형 절節꺾임 단내 나는 병동

어떤 사람 고치 캔을 딴다
퍽!

첫울음이 시동詩動을 거는 태의 궁전
홀hole의 자궁은 말들로 환하다

송병호 | 2018년 시 등단. 국민일보 신춘문예 당선. 김포문학상 대상, 중봉조헌문학상, DMZ문학상 외 다수 수상. 가천문예재단 창작지원금 수혜. 한국문인협회 문인저작권옹호위원. 한국문인협회 김포지부 회장. 시집 『궁핍의 자유』, 『환유의 법칙』, 『괄호는 다음을 예약한다』.

장례식장 고스톱 외 1편

양은진

부고는 급작스럽지만
준비된 이들의 목록은 이럴 때 빛을 발한다
장례식장과 외주업체 그리고
상조회사가 말하는 기본 중에 기본인 것들
감사하며 정리하는 대신
크고 비싼 것들로 채우느라 분주한 효심

평소 잊고 지낸 인맥의 끈이
이제야 다시 이어지고
정체성과 소속을 확인하는 시간
그것은 또 다른 빚과 의무감

바쁜 사회의 시간에
가족이 모두 모인 귀한 시간
조용하고 차분하게
고인을 추억하는 시간 찾아보려 하지만
정산을 마치고 남은 돈을 장부화하여
빠르게 돌아서는 시간

담요 위에 화투짝들이 쉴 새 없이
돌아가고 주변은 온통
짜고 치는 고스톱판

고인은 지붕 위에서
찬찬히 내려다보고 있었다

보호구역

미백까지 했지만 버려진 연탄재가
골목 모퉁이 한자리 차지하고 있다
우회전을 하려는데
노인 보호구역이다

살금살금 더듬어 가는 사이
내 차를 기다리고 있는 곳은
스쿨존

말이라도 걸면 무언가 튀어나올 것만 같은 모퉁이를
가만가만 기어가다
여성 전용 주차장을 만났다

세상은 온통 무언가를 보호하겠다고 하는데
나는 또 누구에게 보호를 받지?
나야말로 모든 사람을 보호할 수 있는
이 사회의 강자

양은진 | 2012년 시 등단. 한국문인협회 회원. yeji3929@daum.net

지게와 작대기 외 1편

오|만|환|

아직도 지게를 쓰세요
드문드문
산에 가려면 배낭 대신
아주 좋습니다
아버지도 쓰시던 이 지게

톱과 낫을 들고
쓸 만한 나무를 찾는다
벌어진 가지와 알맞은 굵기
어디로 숨었나
가볍고 튼실한 그놈

먼저 무릎을 꿇어야 한다
땅에게 힘을 주며
너를 짚고 기필코
일어나야 한다
작대기가 욕이 되었던 어지러움

버섯이라도 만날까? 싸리, 표고, 송이
아니다. 돌턱에 빈 지게를 받치고
세상 멀리, 개울 물소리를
듣고, 들어야 그래야 산다
군살을 빼려고 지게를 진다 오늘은

겨울나무

그렇게
웃었다
휘발유 같은 여자이고 싶어요

산비탈 단풍
가슴이
시원했어요

후두둑
서툴렀지만 깨끗한
바람인가요

잡을 수 없지만
그래도
깔깔한 햇살
저물녘

오만환 | 1988년 시 등단. 제7대 회장. 농민문학작가상. 山문학상. 국제펜 한국본부 이사. 진천문인협회장. 시집 『칠장사 입구』, 『서울로 간 나무꾼』, 『작은 연인들』. 시평집 『식탁 위에 올라온 시』. 중국어판 시와 시평집 『自然與 倫理』.
omh2172@hanmail.net

밤 주우러 가서는 외 1편

유│민│채│

한 살 위 언니들과
밤 주우러 갔다
땀 흘리며 언덕배기 밤나무 아래에 서니
밤 떨어지는 소리가 툭 툭 투둑

언니들은 소리치며 밤 줍는데
와 시원한 바람이다
두 팔을 날개처럼 펼친다
저절로 고개가 들린다
나뭇잎 사이로 새파란 하늘이
빛으로 부서진다
웃음이 실실 나온다
등허리 땀이 들어간다

쟤는 밤 주우러 와서 왜 저래, 언니들이
한마디씩 하는데도

나는 바람을 타고
나는 나뭇잎 사이로
나는 웃음이 되어
툭 툭 투둑
리듬이 되어 나는
오래전 아이처럼 이리저리 움직인다

고라니 집을 보다가

이삭 거름 주고 얼마 안 있어
논에 물을 뺐다
피 뽑으려고 갔는데
고라니가 논에서 튀어나와 유유히 사라진다
가끔씩 논둑을 지나는 고라니를 보긴 했지만
수상하다 싶어 벼가 뭉개진 자리로 들어가 보니
아늑한 집이다
바닥에 습기 하나 없고
벼 포기를 넘어뜨려 마치
커다란 멍석을 깔아 놓은 것처럼 만들어 놓았다
이삭 누렇게 익어 가는 냄새
갈볕 짱짱하게 쏟아붓는
그 한복판 고라니의 거처
실없이 혹은 너를 떠올리며
좋긴 좋았겠구나 생각했다

유민채 | 2017년 시 등단. 무시천, 시골길 동인. minche11@daum.net

하수오의 뻥 외 1편

유유

대머리 아니면 백발
늙으면 다 그렇게 되어야 하거늘
천리를 거슬려 보라는
독 품은 유혹

늙으면 늙은이다워야 하는데
점 빼고
보톡스 맞고
윤기 자르르 검은 머리 염색으로
인조물이 되어 버리는 세상

인생은 사계절 순환이 아니기에
회춘이란 말은
모두가 뻥
잠시 잠깐은 좋아질지 몰라도
어차피 사그라질 모닥불

하수오*는 입맛이 씁쓸한 모양이다.

※하수오何首烏("어찌하여 머리가 다시 까맣게 되었는가?", "이 약초 먹으니 회춘하였다!"): 한약재의 이름이 식물명이 되었는데 흔히 적하수오라고 불리는 마디풀과의 덩굴식물을 말한다. 중국 원산으로 제주도와 남해안에서만 야생으로 자라며 머리를 검게 하고 탈모를 비롯해 관절염 등 여러 가지 병을 치료한다고 되어 있으나 결코 불로초는 아니다. 꽃말은 "엄격"

이삭여뀌

꽉 잡아
……

바람이 몹시 흔드는 것은
미래를 영글게 하는 시련일 뿐이야!

※이삭여뀌: 숲 가장자리의 풀 속이나 산골짜기 습지에서 자란다. 마디가 굵고 털이 많으며 잎에 검은 줄무늬가 있는 것이 많다. 원줄기 끝에 긴 꽃대를 세우고 벼 이삭 모양의 작고 앙증맞은 꽃봉오리가 다닥다닥 달렸다가 가을에 붉은색과 흰색으로 꽃을 피운다. 민간요법으로 포기 전체를 끓여 차 대용으로 마시면 신장병에 효과가 있다고 했으며 한방에서는 금선초란 약명으로 관절통 등에 처방한다고 한다. 꽃말은 "신중"

유유 │ 2010년 시 등단. 한국문학신문 문학대상 외 다수 수상. 저서 『선시 습작노트』, 『바람의 개똥철학』, 『꽃 이름 물어보았네』, 『걷다가 쉬다가』, 『꽃 노래』

빈집의 고찰考察 외 1편

이규자

묵직하다
대문 걸어 놓은 녹슨 자물쇠
입 무거운 사내 같다

문틈으로 엿보이는
서까래 넘어질 듯 위태롭다
노숙자 봇짐처럼 허름한 집안
침묵과 잡풀만 무성하다

먹감나무 가지 위에서
동네 이장 알림 방송이 울린다
"김 아무개 씨 오늘 새벽 지병으로
운명하셨습니다"

십수 년 비어 있는
이 집 주인도 저렇게 세상을 등졌다는 듯
기약조차 없는 기다림
개 불알 같은 두툼한 자물쇠는
집을 지키고, 집은 터를 지키고

수도승 같은 고택에서
고독이라는 돌덩이 하나를 배웠다

어느 선택

내 나이 서른 즈음
세상 꿈 다 이루어 놓은 한 여인이
자신의 돈과 명예
내 젊음과 바꾸자 제안했었지

혹, 할 수도 있는 거래 조건이었지만
단번에 거절할 수 있었던 것은
내겐 아직 청춘이 있기 때문이었다

코로나 시국 그 어른 부음을 받았다
모든 걸 누렸을 생의 끝
국화 몇 송이와
울음 몇 조각이 빈소를 지켰다

지금, 이승의 치맛자락 잡고 있는 나
부도 명예도 이룬 게 없다
남은 건 달랑 책 두 권…
그래도 그게 어디냐
아직도 명시 한 편 남기고 싶은
희망은 진행 중이니

그때 모든 걸 바꿨더라면

지금쯤 가지 않은 길을 다시 후회하며
아파하고 있을 것이다

이규자 | 2012년 시 등단. 제33대 회장. 한국문학신문 수필 대상 수상. 김포
문인협회 회원. 달詩 동인. 시집 『꽃길, 저 끝에』. 수필집 『네이버 엄마』.
lkj5671@daum.net

시

낙엽 외 1편

이 난 오

온몸으로 떠나보낸 빗길에
흩날리며 깃발이 아프게 젖어 있다
마지막 배웅을 위해
노오란 눈물이 부서지는데
다가갈 수 없는 아쉬움
가슴 태우지 못한 들꽃 한 송이
뜨거운 태양빛 더 붙들어
열매 맺고 싶다

가까운 듯 먼 그리움에
목이 메인 풀벌레
메마른 살갗 부비며 찬바람에 구르다가
흔적 없이 낯선 흙에 섞여
숨 가쁜 한 생애의 막이 내리는가
싸늘해진 계절 끝자락 밟고
빈 들녘에 꽃씨 묻으며 기다리는 봄꿈
기도하듯 그냥 지나고 있다.

편지

모란꽃 질 무렵
유행하는 청보라 옷깃 세워
나란히 거닐던 공원의 예술제
사랑의 아리아 한 소절 떨리는 눈빛으로
나를 감는다

꿈길에 잠시 맺은 인연인가
손 닿을 수 없는 이방인
무거운 시침時針 흘러 흘러
목마른 풀숲에 이는 바람
마지막 잎새를 떨군다

쏟아지는 눈물은 아직도 맨발이다
허공으로 흩어진 싸늘한 영혼
이제사 불러 모아
가슴속 타는 불길 끄고 있다.

이난오 | 2003년 시 등단. 황진이문학 대상, 한국가곡예술인상 수상. 한국문인협회 문인저작권 옹호위원회 위원. 국제PEN 한국본부 이사. 한국가곡작사가협회 자문위원. 계간문예작가회 이사. 시집 『미완성의 수묵화』, 『따뜻한 침묵』.
nanho36@hanmail.net

시

내포연가 · 11 외 1편

이 덕 원

붉은 고개 너머 천수답
너댓 마지기 논바닥에 베서
말린 베토매를 마당까지
죽어라 지게에 져 날라
밟을수록 더 와룽와룽대는 탈곡기로
갈걷이를 서리 내리는 겨울
초입에 들어서야 마무리하다 겨울이면
볏짚은 농립소 여물이 되고 땔감으로
솔걸이나 고주배기를 캐고 봉림에서 해온
물걸이 나무로
펄펄 연기를 피우며 쇠죽을
쒀 사랑방은 덤으로 데웠지

칠흑의 기나긴 겨울밤
옹기 항아리 속 소금에 절여둔 무를
양념 없이 뜨물에 멀겋게 지져
고구마랑 허기를 달래며
잘게 쪼개지는 대나무처럼
살을 에이는 한기의
겨울강을 건너는 것이었다.

내포연가 · 12

새벽을 깨우며 갈걷이하느라
그 난리를 쳤으니 쉴 만도 허지
겨울, 햇볕이 좋은 날을 잡아
들판 가운데 물고기가 많은
둠벙을 찾아 타래박으로 물을 품고
물고기 잡는 재미에 빠져
손발이 시린 것도 잊은 채
말끔하게 수리해서 씻은 뒤
삶아 가시를 추려 내어
가마솥에 고추장 풀고
귀한 쌀에 국수를 많이 넣어
푹 끓여 허기를 채우면
없는 살림에 가끔 기분이 좋아
우리는 이걸 어죽이라 불렀다

우렁 잡던 논바닥은
포클레인 삽날에 싹 엎어져
네모 반듯이 정지되고
논둑 사이 흔적조차 없는 둠벙
아! 저기쯤 있었는데 말야
다시 올 수 없는 마음속
한자락 그림으로 남아

가끔 꿈속을 배회하더라.

이덕원 | 1996년 시 등단. 한국문인협회 자문위원. 한국시인협회 회원. 시울림 동인. 시집 『안개구름에 사라지다』. poemlee96@hanmail.net

우물의 전설 Two 외 1편

이│병│화│

동리마다 낮은 공동 우물이 있었다지요
철부덕 철부덕 첨벙 첨벙
우물가에서 놀던 아이들이 곧잘 우물에 빠졌던 모양입니다
아우성 속에 아이 엄마가 한걸음에 달려와
속치마 바람으로 우물에 뛰어들었다네요
아이를 건져 올린 날은 우물 대청소를 했다는군요

같은 사건이 다른 장소에서
그리 비슷한 시기에 일어날 수 있었을까요
하나의 전설은 친정어머니가 남동생을 건져 올린 목격담이구요
다른 하나는 시어머니가 시누이를 건져 올린 구전담이랍니다
달라도 너무나 다른 두 집안, 두 어머니
하지만 우물의 전설은 우째그리 똑같았던지요
혹시 한 동네 살았었나 할 정도로 그대로 내가 본 상황입니다
시금치의 시옷 자도 싫었던 된 시집살이
시어머니의 우물 이야기를 남편에게 들으며
매정하셨던 그분에게 '그런 모정이?' 고갤 갸웃거리며
시금치 된장국을 끓이던 신혼 시절이 생각납니다

아침에, 무심코 정원의 새 둥지를 들여보다가
알을 품고 있던 딱새와 눈이 마주쳤습니다
어미새는 미동도 않고 저에게 눈싸움을 걸더군요

막다른 골목에서 고양이에게 덤비던 쥐서방처럼요
저렇듯 어미들이라면 목숨 걸고 제 새끼 보호하려는데
TV 뉴스에선 여린 제 핏덩이 모질게 학대하고
검은 모자 눌러쓰고 두 손 묶인 에미 애비들이
카메라 후레쉬를 받고 있네요
우물 속을 겁 없이 뛰어들던 두 어머니의 모습과
알을 품고 있던 딱새의 눈빛이 오버랩되는 장면입니다

밀당

서로, 아니라고
당차게 밀어붙이다가도
화들짝, 온몸으로 끌어안아 주는

꼭 그만큼 그 언저리에서
서로를 밀어냈다가 끌어당기는
너와 난, 밀당의 선수들

곰삭은 노부부처럼
거칠게 이겨 먹다가도
때론 순순히 무릎 꿇을 줄 아는 우린
참 멀고도 가까운 사이
그래 밀물아, 이번 생은 네가 이겨 먹을 차례다

이병화 | 2004년 시 등단. 한국문인협회, 문협 문학낭송가회, 한국사진작가협회 회원. 아토포스문학, 혜화시 동인. 시집 『도시의 벼랑에 서서』. 112byung@daum.net

오래된 향기 외 1편

이 성 의

당신
언제나 내 그리운 당신
이제 바다로 떠날 준비를 하시는 건가요
한 시절 풀어놓았던 그림자들을 주리주리 꺾어들고
언제나 구부리고 걸었던 당신의 걸음걸이
이제야 돌아서 가고 계신가요
들빛 바구니엔 당신의 순결한 열매들이
가득합니다
날마다 키를 재던 채마밭 사이로
가을의 향기가 넘쳐흐릅니다
싸리꽃 옛길 돌아 돌아
풍경 가득한 그대, 그대여
당신의 풍경 속에서 열매들이 저물어 갑니다

숨죽이지 마세요
기웃거리지도 마세요
그날의 그때처럼
온통 풀어놓으셔도 됩니다
눈부시도록 그리운 당신
당신이 계셔서 행복했습니다.

그날은
―외손주 도휘가 태어난 날에

어디서 오셨는가
별처럼 푸른 밤에
나긋나긋한 저 숲속에서는 엊저녁 내내
방울 소리가 울리더니
볼록 나온 이마와
볼그레 피어나는 살빛
어느 어귀에서 시작된 이름 하나가
굵은 물줄기를 쏘아 올리고 있다
잘 자라거라
웃고 울고 떠들고 고집하고
어느 것 하나 빠질 새 없이 주워 들고
기뻐하여라
앞서도 한 뼘 뒤서도 한 뼘
아무리 달려도 한 뼘 남짓 그 자린데
아이야,
바람과 함께 자라라
바람은 너를 키우기 위함이니
귀찮아하지도 즐거워하지도
그저 낯선 길목의 서먹함처럼
함께 걸어가라
걷다가 돌아보면 달빛 한아름
그것은 지난 시간의 거룩함이니

기쁘게 살아가라
아이야, 기쁘게 살아가라

이성의 | 2007년 시 등단. 2017년 시조미학 신인상. 시집 『하늘을 만드는 여자』, 『저물지 않는 탑』. taedaejangboo@daum.net

나는 누구인가 외 1편

이 원 주

어물전
저 추물덩어리 좀 봐

닥치는 대로 삼켜 버리는
커다란 아가리

게거품 물고 악다구니 쓰는
흉물스러운 화상이네

어부들도 예전에는
눈살 찌푸리며 등 돌렸었다지

겉모양 저래도
맛은 일품이라

눈 하나 깜짝하지 않고
아귀찜을 아귀아귀 먹어대는

나는…

느낌표로 다가오는 시간

툭!
느티나무 잎 하나
발걸음 멈추게 한다
! ! !
고개 들어
허공을 바라보네
형형색색 펄럭이는 만장輓章 속
나무의 경經 읊조린다
인연 따라
짓고 무너지던 노 시인
한 잎 가랑잎처럼 가벼워지고
작은 느낌표가 되는
가을이네

이원주 │ 2009년 시 등단. lwj3339@hanmail.net

어떤 시간 외 1편

이 춘 재

조용한 식당에 마주 앉은 우리
말 한마디 나눌 사이 없이
빠르게 비워진 그의 빈 그릇

왜 그리 급하게 먹느냐는 나의 말을
무심히 비켜 가는 눈길

순하고 선했던 그대의 눈에
청년의 때에도 없던 군기 가득하다

돌아오는 길
도로변 풍경을 따라가던 눈을 감게 하는
이유 없는 그대의 질주에 밀려오는 피로

평안의 때조차 긴장으로 익힌 그의 삶을 보는 일은
혼자보다 쓸쓸한 동행이다

집안에 흐르는 휴전의 밤
돌아누운 그대의 등만큼 측은한 평안

시詩를 버리며 사는 일

시詩를 품는 일에 지친 나는
시詩를 모르는 사람들을 만나
시詩와 상관없는 삶을 나누며
시詩 없는 세상을 만들어 간다

시 없는 삶을 슬퍼하던 나는
시에 취하던 시간을 자조自嘲하며
방황하지 않아도 정해진 길이 되어버린
무엇이 되지 않을 자유에 갇힌 수인囚人이 되어 간다

시인詩人으로 산다는 것은
죽음도 삶으로
삶도 죽음으로 품고 가는 길이라면
지금 나는 사는 일에 가벼워진 죄인이다.

이춘재 │ 1999년 시 등단. 순수문학상, 영랑문학상 수상. 한국문인협회 회원. 시집『쪽지에 걸린 무지개』,『허수아비 표정 바꾸기』

떨어지다 외 1편

이현자

밤하늘 별똥별
선 하나 그려 놓고 떨어진다

은행 떨어지다
못난이 모과 떨어지다
수많은 날들 밤새우던 공부벌레
사법고시에 떨어지다
재도전을 결심한다

떨어지는 건
따뜻하다
고귀하다
반짝인다

모든 것 다 내어 주고
속없이 매달려 있는 밤송이
까칠하게 보이지만
홑씨처럼 편안하다

언젠가 내가 가야 하는 날
그때엔 말없이
훨훨 날아가는 연분홍 꽃잎이고 싶다

날아가다 떨어지더라도
진분홍 복숭아 꽃잎이고 싶다

마스크

버스 승차할 때
마스크를 착용하세요
지하철 환승할 때
마스크를 착용하세요
이미 하고 있는데도
네 개 다섯 개 덧씌워 준다

다음 날에도
마스크를 착용하세요
다음 날에도
마스크를 착용하세요
영락없이 다섯 개 여섯 개 혹은 일곱 개

마스크 덕지덕지 포개어 쓰고
집으로 돌아오는 마을버스
누군가
버럭 성난 목소리로
이제 좀 그만해라 시끄러워 죽겠네
어느 정도로 떠들어야지
어이구 그놈의 바이러스 바이러스

차이나폐렴19 바이러스

내가 먼저 백기 들고 쓰러질까 봐
네가 먼저 마스크 들고 바들바들 떨고 있는데
아무 말 못하고 창밖을 본다

이현자 | 2009년 시 등단. 한국문인협회 회원, 한국문인협회 은평지부 회원.
시집 『왕소금』. sanbutji@hanmail.net

더듬어 보는 길 외 1편

이 | 희 | 철

지나왔던 길, 더듬어 보는 길

수많은 사연들이 줄기처럼 얽혀 있어
유난스레 반짝이던 일들을 뒤적여 보니
행복, 부끄럼, 눈물, 상처…들이
가슴에 모여 있는 것을 알았다

잎새에 이는 봄바람은 정직하게
생명의 소생을 부르건만
갈잎에 지는 듯, 아련한 추억들은
소멸하는 허무 속에 젖어들고 마는가!

이때껏 애절하게 잃어버린 것들을
다시 불러 볼 수는 없다 하던가?

아로새겨 보는 되새김 속에 알현하는
무지개 꿈들이여!

고독한 잔영이 되어 버린 먼 기억들만
거미줄에 걸려 있는 듯 바동거리고
있는 듯하다

아! 무정한 세월의 뒤안길에서
공허한 꿈 꾸어 보는 소박한 생각은
이래저래 야윈 가슴에 고통이런가

더듬어 보는 길은
망망대해 뱃고동 여운 따라 떠가는
작은 조각배 이별의 손짓 같구나

폐지 싣고 가는 할머니

리어카에 재활용 폐지를
한가득 싣고 가는 할머니를 보았다

삶을 위해 걷는 고뇌에 찬 무게를
싣고 가는가?
누굴 위해 기꺼워하며 희생의 본을
감내하고 있는가?

폐지 한 장의 소중한 가치에서
따뜻한 밥 한 그릇을 만들어 가고
폐지 한 장이 지닌 사랑에서
배부른 행복의 근원 만들어 가니
이에 숭고한 희생인들 없었을까!

삶의 거친 광야 헤쳐 가는 듯한
굳세고 당당한 모습들이 보인다

시달린 일과에서 흘린 눈물로
착한 책임 다하는 자양분 만들어
희망적 온도 높이는 가슴속에
보람찬 꽃들이 가득 피어나리라

한 가득 폐지 싣고 가는 할머니는
못생긴 폐지의 효용성에서
삶의 심오한 이치 깨달아 간
행복한 인생의 승리자일 게다

이희철 | 2010년 시 등단. 한국문인협회, 한국공무원문학회 회원. 시집 『계룡산에서 사람이 사는 이야기』. 701900@naver.com

기다림 외 1편

정 문 택

차갑던 겨울은 가고
따스운 봄볕을 거닙니다

연분홍 진달래꽃
피는 날에 온다는
그 말씀에

봄날 같은 당신이
그립습니다

어제처럼 봄이 가고
여름 가고
세월마저 간다 해도

이 봄에는 오실 것 같은
당신을 기다립니다

기다리는 내 모양에
꿈으로 다가올
당신을 기다립니다.

별나라 고향 이야기

풀밭을 나지막이 기울이면
풀벌레 살아가는 소리와
이쪽 저쪽 풀밭으로 넘나드는
사그락 소리가 들립니다

하늘로 바라보면
은백색 하얀 별들 늘어 있거나
별 하나로 떨어져
꿈을 나누는 듯합니다

언제부터
그렇게 있었는지
모르는 채 하얀 별빛으로
있는 거랍니다

전설로만 들어온
한마디 있다면서
옛이야기 같은 고향
이야기를 들려줍니다

까맣게 먼 오래전에
흑암 깨뜨리는 불빛 하나가

하늘 가운데 돌풍으로 나타나
큰조상이 되었다는 겁니다

너 나 없이 태어나
가까이서 멀리서 지내는
모래알처럼 많은 그들이어도
마음은 하나랍니다

풀밭 풀벌레도
꿈꾸며 갈 수 있고
서러움도 그리움이 되는
그의 고향이랍니다.

정문택 | 1996년 시 등단. 제15대 회장. 한국문화예술인상, 베스트작가상, 아시아문예 대상, 한국휴먼리더 대상 수상. 한국문인협회, 아시아시인협회, 한국문학세상 회원. 아시아문예진흥원 부이사장. 시집『하늘과 땅과 사랑과』,『은하수 멀리엔 별이 있다』. mt80212@hanmail.net

시

마음 값 외 1편

정 영 호

친구 아들 결혼식 날
새 양복 차려입고
오만 원짜리 지폐 두 장을 봉투에 담고
집을 나섰다

1시간 정도 전철을 타고 달려가는 내내
그 친구와 추억이 주마등처럼 스치고
나름 절친으로 지내온 사이라
생각했는데
내 아들 결혼식 때는 그림자도 안 보여 주고
축의금도 없이 모른 척 지나갔다

나 혼자 묻고 나에게 대답하길
여러 번,
봉투에서 오만 원짜리 한 장을 다시 꺼냈다가
슬그머니 다시 밀어 넣었다

내 마음 값으로 치면 얼마나 될까?

예식장을 나오는데
봄비가 오락가락한다
벚나무 가지도 내 마음 알겠다는 듯

끄덕끄덕 무거운 가지를 흔들어 대며
꽃잎을 털어 댄다

헷갈림

돼지갈비를 굽다가
술 마시는 타임을 놓쳤다
불길이 솟아오르고
죽은 고기가 움찔움찔하더니
이내 쪼그라든다
깜짝 놀라
잽싸게 뒤집었더니 벌써 탔다
까맣게 탄 부위를
가슴 아프게 도려내고
고기 한 점 입에 넣고 보니
소주잔이 물끄러미 나를 쳐다보고 있다
이런, 순서가 바뀌었네
술부터 마셔야 하는 것을
아냐, 빈 속에 술은 안돼
안주부터 먹는 거야

정영호 | 2015년 시 등단. 대통령근정 포장. 아토포스문학 동인. chung525@daum.net

허허로운 시간 외 1편

정│인│관

어둑 새벽

스며드는 눈빛에 동창을 열게 하고
고요 속에 마음이 빠져드는 시간
아름다운 베란다의 꽃들은 바람에 흔들리어
아침 햇살에 겨워
웃음꽃으로 피어난다

어스름한 공기 속에
빛살은 어둠의 눈을 뜨게 하고
꽃등 난간 자리에 앉아
삼각산의 정체를 기다린다

고요가 잠을 깨우는 소리에
적막한 한낮의 열림이
허허로운 시간을 두루마리로 날려 보내고
가슴에 담긴 스산함에 창문을 열게 하는

영롱한 아침 햇살

작은 영혼

이렇게 살아도
저렇게 살아도
가야 할 길은 하나인 것을

산에는 거대한 숲들이 숨을 쉬고
강물은 흘러 어디로 가는지
하늘은 그 큰마음으로 지켜보고 있다

무시로 가는 세월
봄은 새 옷을 갈아입고 화장한 여인이고,
여름은 물 찬 제비처럼 하늘로 치솟는 바람 같고,
가을은 땡볕이 태우고 남긴 웃음꽃이려니,
겨울은 하얀 천사가 춤추는 계절이라면,

이래도 한세상
저래도 한세상
가야 할 길은 하나인 것을

거대한 산의 숨소리에 살고
흐르는 물소리에 영혼을 노래하고
파란 하늘에 미래의 꿈을 만들어 가나니

우리는 늘상 배우며
짧고도 매우 긴 계절 속에서
작은 영혼을 키워 가고 있다.

정인관 | 1987년 시 등단. 제6대 회장. 윤동주문학상, 한국예총예술문화 대상 수상. 한국문인협회 이사. 국제펜 한국본부 자문위원. 셋이서문학관장. 시집 『물레야 물레야』 외 6권. 수필집 『하늘에 베틀 놓고 구름에 잉아 걸고』 외 3권.
chung4311@daum.net

시

생의 가을이 고요하다 외 1편

제 정 자

잿빛을 품은 뇌록색의 칠월이
산 메아리 되어 흥건히 가슴마다 적시고
노을은 산자락 밟을 때마다
사랑한다 말 한마디 못한
수줍은 입술로 다가온다
우리는 서로에게 왜
그리움이 되지 못했을까
귀가 순해지는 나이가 되면
눈도 귀도 부처가 되어 가고
영혼의 자루에 담긴 타오르던 가슴은
울음과 버무려져 서도창西道唱을 닮아 간다는데
인사도 없이 이승을 떠나간 사람
허공 가득 붉은 함성 되어 쏟아져 내린다
인간의 삶이 고작 백년이라면
끝나는 길에서
뒤돌아서 보고 싶은 것은 무얼까
한 번 더 보려는 것이
청춘인가 너의 얼굴인가
살아 있는 모든 것에는 시작과 끝이 있다
그 사이에 우리가 함께 살았었다

생의 가을이 고요하다

좀 더 웃어 줄 걸

비교를 멈추면 행복해진다는데
행복한 사람처럼 사랑을 하고 활짝 웃어 볼 걸
이왕이면 크게 삼척동자처럼
꿈을 이룬 것처럼 웃어 줄 걸 그랬어
키가 작은 우정과
키 큰 열정은 결연을 맺을 것인데

아이는 방그레
장년은 빙그레
노년은 벙그레 웃다 보면
불안은 평화가
미움은 거리감이 생겨나서
좀 더 사랑할 걸
좀 더 웃어 줄 걸 하다 보면
내 한몸 꽃 되어
온 세상이 분홍빛 봄날이었을 것을

살아가다
살아보다
그 문 앞에 엎디이는 날
참을 걸, 용서할 걸, 베풀 걸
가슴 저린 일 하나도 남지 않기를

선택의 첫 번째 기준이 너였음을
고백할 수 있다면
천 개의 강에 달빛이 적셔질 테지
그땐 달이 저무도록 자지르지게 놀자
사람아!

 제정자 | 1995년 시 등단. 1995년《한국수필》신인상. 한국문인협회, 평창문인협회 회원. 시집『그 사람』,『별을 머금다』. Poemjoy @hanmail.net

2m 외 1편

조 명 희

그대와 내게
주어진 거리
마주 앉아
무얼 할 수 있을까
눈빛은 긴 줄에
지친 걸 위로하지
듣도 보도 못한 이에게
결박당한 지금
비어 있는 명동거리
기타 치던 그 남자
없는 인사동
뼈 아픈 빈 마음
어디에 묶을까
그냥 가만히 모두가
투명 가림막 뒤에
숨어 숨 쉬고 있어
50cm 될 때까지

우리 언제 밥 한번 먹자

아무 생각 없이 누군가에게
툭 던졌던 말들
참 빚이 많아졌다
어느 날
길가에서 만난 덤덤한 눈빛
아~ 이 사람도 그중에 하나
격자무늬처럼 좌로 우로
맞혀만 놓고 사용 안 한 모드
내 던진 밥 한번 먹자
먹어 주지 못한 밥들이
채곡히 쌓여 내 생에
먹을 밥그릇 다 채울 거 같다
좀 있으면 장맛비
우산 속 밀당도 해야 되고
그러다 보면
낙엽 지는 거리 걸으며
얼마나 많은 밥 먹자로
돌담을 쌓을까
등짝에 스매싱

조명희 ｜ 2003년 시 등단. 한국문인협회, 울산문인협회 회원. jongyoungwon@daum.net

안개에 갇힌 마법의 시간 외 1편

조│윤│주

나뭇잎이 허공을 갉아 천둥을 모으고
파도가 바다를 긁어 뼈대를 세우는 것은
우화羽化하는 가벼워진 물방울들을 돕기 위한 것!

해안가 도로를 들어섰을 때
그녀는
바다의 물주름을 보며 번데기의 주름을 기억해낸 듯
잔잔한 미소를 내게 건넸다

그녀의 생각처럼
물방울들이 하늘로 날기 위해 퍼덕이는지
한 치 앞이 보이지 않는다
비상등을 켜고 깜빡거려도
시야는 좀처럼 확보되지 않는다

이 시간을 위하여
오랫동안 다짐하고 서로 격려하고 계획했을
위대한 군무群舞
하늘은 비[雨]의 사다리를 펼쳐 행군을 돕고
천둥이 응원의 박수를 칠 때마다 번개가 일어나
맞장구를 친다

새들만 떼 지어 날아다니는 것이 아니었구나
물이 안개로 떼 지어 날면
하늘과 바다와 땅의 경계가 보이지 않는다

엉거주춤 갓길에 차를 세우고
마음속에 불안을 꺼내
그녀의 어깨에 기댄다
서로의 미소가 번진 자리
나비 한 마리 젖은 날개를 말리는 중이었던가
토르르, 파르르 촤르르 파장에 놀라 떨어진
여명黎明 한 덩어리
가까이 굴러오고 있다

가까이서 예수를 봤다

젊은 사내가 벨트에 공구를 차고
한 발 한 발 전봇대를 올라가고 있다
여러 겹의 팽팽한 횡렬의 전선들 사이
아래로 축 늘어진 전깃줄 하나
땅을 향해 뻗어 있다

열등한 것은 없다
구원의 손길이 잠시 필요할 뿐
전류가 흘러야 할 방향을 요리조리 살펴보던 사내가
공구를 꺼내
표피를 벗기고 접선을 시작한 지 십여 분

전봇대 근처 주택에서
"전깃불이 다시 들어옵니다"
소리 높여 외친다

구원이 따로 있는 것이 아니구나
가까이서 예수를 본 아침이다

조윤주 | 1998년 시 등단. 한국문인협회, 중앙대문인회 회원. 서울오늘신문 객원기자. 시집 『나에게 시가 되어 오는 사람이 있다』 외 5권

시

꽈배기 외 1편

조 현 순

한 올 깜빡하고 짜 올린 스웨터
빠진 코 하나가 삐딱하게 걸려 멀쩡한 올이 뒤틀어졌다
짜 올라간 목덜미 근처가 꼬여 모양이 어색하다
그냥 못 본 체 실을 걸어 한줄 올리는데
내 눈은 자꾸 꽈배기를 만든다
조금만 더 뜨면 괜찮아질까
한참 망설이면서 꼬였던 마음을 어루만졌다
살다 별일 아닌 것 가지고 다투고
어긋나기 시작하면 줄줄이 꼬인다
대바늘 세워 상대의 가슴도 겨누다가
서로 틀어지고 꼬이면서 꽈배기가 된다
엉킨 마음 풀어 볼까 망설이지만 하루 지나고
열흘이 지나면 서로 다른 옷이 되려고 한다
두 바늘이 실을 걸어 만나고 헤어지면서
서로에게 무늬가 되어 준다
너 없으면 짝이 안 되는 것을 알면서도 고집을 부린다
서로의 마음을 풀고 짜고 틀면서 꽈배기를 만드는 일
어쩌면 생은 한 올 두 올 줄무늬를 그려 넣고
꽈배기를 만들면서 끝없이 짜 올리는 스웨터인지 모른다

감나무

노인정 앞에서
감꼭지를 물고 있는 할머니들이
올망졸망 졸고 있는 오후,
장독대 위 잎사귀
그늘 몇 점 깔고 앉는다
햇살이 어쩐지 떫은 얼굴이다
가을을 토닥이는 당신,
마구 뭉개고 부비며 붉은 알맹이 빚어
공중에 매달아 놓는다
우주가 말랑하다

조현순 | 2009년 시 등단. 제35대 회장. 국제펜 한국본부 회원, 고양문협 회원. 글마루문학 동인. 시집 『얼음의 몸살』. hyounsc@hanmail.net

우두둑 외 1편

최수지

그냥저냥 세월 파먹고 있다며
근황을 묻는 친구의 문자

입을 돌려 본다
위에 좋다는 삶은 양배추 쌈에
잇몸이 아픈 어제오늘

약 챙기다가 저무는 날들에
속보는 속보를 향해 장전 중인데
우두둑
한 번 더 돌려보고 보내는 답문

가을장마 시작이다
여름 잘 말아 뒀다가
내년에
아이스크림 먹듯
질펀하게 파먹자

다시 돌리는 턱
우두둑

동강 가는 길

　너도 굽었구나 품 넉넉한 강이 어제 같은 오늘을 돌아나가며 추임새를 던지는데 소금기 끌고 간 고단함을 보라고 물비늘 털기처럼 털고 털어도 앞서던 물은 무심히 가던 길 가고 시골길은 굽어도 굽어서 가고 세상에나 바람에 시달리는 꽃이 기척을 불러 세우고야 마는 이곳에는 멈춰야 보이는 나무가 있었네 햇살도 깨금발 들어 어린 가지 눈 푸르게 키우는 느티나무 오백 년 봄날이 살은 듯 죽고 죽은 듯 살아 몸 밖에 매단 충영조차 묵언 수행 중인 여기는 그런 곳이라고 굽어야 보인다고 동강도 길도 보였다 안 보였다 길었다가 둥글다가

최수지 | 2001년 시 등단. 한국문인협회 회원. 한국여성시 회장, 부산여류문인협회 회장 역임. 시집 『그리운 이의 집은 출렁이는 신호등 너머』. suzicaa@hanmail.net

시

벚꽃 사서함 외 1편

한 상 림

하얀 웃음이 흐드러지게 폭발합니다
저 봄비는 시샘인가요, 어리광인가요
여린 바람에도 눌러 참고 있던 웃음이
하르르 쏟아지고 맙니다
떨어진 웃음을 무심코 밟고 지나다
벚나무 아래 파여 있는 깊은 웅덩이 하나를 들여다봅니다
눈물 흥건히 고인 웅덩이에서 들려오는
슬픈 여자의 울부짖음이
뭉그러진 꽃잎 발자국으로 찍혀 나옵니다
지난밤 가출한 꽃잎을 찾아 나선 그녀의
텅 빈 벚꽃 사서함
왜? 왜? 왜? 하필이면 꽃잎 쏟아지는 봄날에 떠나야 했냐고,
물어뜯고 따져 보아도 돌아오는 답장이 없습니다
도대체 어떤 이유로
스스로 피고 지는 꽃잎이 된 거냐고,
돌아와 달라고,
당장 돌아오지 않으면 용서하지 않겠다는
그녀의 긴급 소환장과 함께
열세 살 딸아이가 울음으로 꾹꾹 눌러쓴 편지를
사서함에 가지런히 넣어 줍니다

스며드는 저녁

아침 햇살은 저녁이면 어디론가 하나둘씩 스며든다
돌아오지 않는 가족을 기다리는
여든셋 여인의 불거진 열 손가락 옹이
굽은 등 ㄱ자 허리 세워 보려고 억지 부려도
바닥으로 기울어 가는 생
돌아올 리 없는 그림자를 멍하니 바라본다
오십 넘도록 결혼을 거부하면서
노부모 모시던 막내딸은
출근길 계단에서 굴러 의식이 떨어져 나가고
육십여 년 함께 살아온 남편은
말기 암 수술 후 기억이 오락가락
이따금 죽은 형을 찾아
삼십 년 전 어머니 장례식 치르러 가겠다니,
불행은 꼬리를 물고 따라다닌다
원수 같은 놈,
다시는 찾지 않겠다던 아들놈이 눈앞에 아른거려
생전 뱉어 보지 않은 욕을 던져놓고 눈시울 적신다
잘라내고 싶어도 자를 수 없는 천륜과
다시 잇고 싶어도 쉽게 이어지지 않는 천륜 사이
괴질로 단절된 세상은 서로를 잇지 못하고,
소리 소문 없이 스며드는
행과 불행 사이에서 잠시 머뭇거림뿐

그녀는 오늘도 밥상을 물리고 누군가를 기다린다
아직 그림자가 씩씩하다

한상림 ｜ 2006년 등단. 제29대 회장. 한국문인협회, 국제펜 한국본부 회원. 청향문학상 대상 수상. 대통령훈장, 강동구민대상 수상. 시집 『따뜻한 쉼표』, 『종이 물고기』. 칼럼집 『섬으로 사는 사람들』

슬픔이 밟히는 저녁 외 1편

홍 금 자

붙박이 삶이 되어 버렸다
지나는 계절을 허공에 놓고 본다

이태 전 겨울을 시작으로
봄 여름 가을 겨울 그리고 다시 봄
어둠에 갇힌 날들은 열리지 않고
무심한 창밖 혼자서
가고 오는 사계를 본다
꼼짝없이 바깥세상을
만날 수 없는 풍경 앞에
검갈색 커피만 축내고 있다

언제쯤 침묵의 시간
고삐 풀릴까

계절과 계절의 간극
그 맥박을 재보기도 전
사라져 가는 허무의 시간들
하얗게 센 머리칼이
구역의 구분 없이 클로버 퍼지듯
단호히 점령을 했다

노을 앞에 선 짧은 삶의 깃발
꺾인 지 오랜 무릎 다시 세워
잠든 세포들의 문을 두드려 본다

마른 나무 등허리 감고 돌던 능소화
뼈마디만 남은 빈 가지 나풀댄다
날 것들의 유희 소독제 냄새가 풍긴다
다시 눈 뜨지 못한 틈새로 바라본 사람
마스크로 단단히 숨을 막고
가만히 창 너머
멀리 놓고 손사래 친다
울컥 슬픔이 밟히는 저녁

외줄 타는 어름사니

낮과 밤의 경계에서
또 미완성의 하루가 지고 있다

등 푸른 겨울 바다 위
거칠게 몰아치는 파랑

삶이라는 시간 속
가쁜 맥박으로만
초침을 돌렸던
턱없이 짧은
점. 점. 점

어느새
새들은 둥지를 떠났고
혼자서 외줄 타는 어름사니
아득한 지상과의 거리
생기 잃은 발끝엔
버석이는 강물만 흐를 뿐

 홍금자 ｜ 1987년 시 등단. 제9대 회장. 국제펜 한국본부 이사. 한국시인협회 상임위원. 한국기독교문협, 한국여성문학인회 이사. 시마을낭송문학회 대표. 영등포문인협회 회장 역임. 윤동주문학상, 마포구문화상, 월간문학상, PEN문학상 외 다수 수상. 시집『외줄 타는 어름사니』외 다수. 영역『지상의 노래』외 저서 다수

시

연민의 독방 외 1편

홍성숙

마른 입술로
또 아버지가 다녀가신다
꽃치마를 입고
또 어머니가 놀고 계신다
흐릿한 안개 속에
삶이 자꾸만 내리지 않는
화火로 다가오면
밤마다 달을 삼키며
배부른 진돗개처럼 하늘 위로 소리를 올린다

실컷 울고 나니
마치 가려운 두피를 씻은 듯
명치 끝이 시원하다

입꼬리에 눈꼬리에
웃음과 눈물이 뒤섞인 인연덩이를
생각하고 또 생각해 본다

갱년기

꽃이 웃고 있는데
느닷없이 자전거 바퀴 바람 빠지는 소리에
격格 떨어지게 옆구리가 저린다
너무 웃었나 보다
꽃에 대한 예의가 너무 깊었다

바람이 불어오는데
차라리 별을 먹어 버리자
시골 평상에 누워 콧노래를 부른다
결국 눈물이 난다
이 횡설수설하는 시계는 어디서 고쳐야 할까

참
못된 년이다, 너는
그러나
용서하고 싶다
살게 하는 정당방위이기 때문이다

홍성숙 | 2002년 시 등단. 재능시낭송가협회 회원. 글마루문학 동인. 시집 『웃음꽃 선물』, 『그 여자의 별』 외 3권

시

답호褡護 외 1편

홍현숙

바늘에 실을 꿰어 마름질한 인견에 한 땀씩 바늘을 꽂는다
작업 테이블을 덮고 한참을 넘어간 옷감이 어지럽다
긴 호흡을 천천히 뱉은 후 순서를 정리한다
파스텔톤의 고운 감촉이 살갑다

재봉틀에서 시선이 흐려지면
바늘은 제 갈 길로 텀벙 거침없이 비뚤어져 나아간다
옷감과 바늘의 깊이를 가늠해야 할 손끝은 느긋하고
서두르지 말아야 한다

안감과 겉을 이어 박아 숨구멍으로 뒤집는다
동정을 대어 본다
왼쪽은 짧은 고름을 달고
오른쪽은 긴 고름을 달아야 하는 정석이 있다

답호[1] 끝자락 길게 떨어진 섶 아래 배래의 곡선
군더더기 없는 수직이 떨어지고 배자[2] 닮은 옷을
다림질한다

BTS와 블랙핑크 아이돌이
오마이걸이
조선 문관복 철릭을 입고

답호를 입고
해외 무대에서 팝과 힙합을 춘다

1) 소매가 달리지 않은 포袍
2) 짧은 여자 조끼

달천동을 지나다가

알림판에 보이는 달래강을 막 건넜다
벌거벗은 사과나무들이 떨고 있다
그 강의 허리를 건너다니는 차들은
겨울처럼 냉정해
사과나무에게 티셔츠 청바지 하나 던져주지 않는다
자드락비가 내리는데
내게도 가지고 있는 옷 한 벌이 없다
그저 달래강이 그 옆에 함께 있다

안개 쌓인 달강의 수달들은 모두 어디로 갔나
달래강달래강달래강은 감곡 감천
물이 달다고 달래강인데
쓸데없는 전설들은 왜 생겼나

비는 내리는데
달강은 흐르는데

홍현숙 | 2016년 시 등단.《문학공간》동시 신인상. 딩아돌하 운영위원. 내륙문학회, 무시천문학회, 충북여백 회원. 시집『아무도 거들떠 보지 않는』. 동시집『기린호텔』. hssba2@hanmail.net

시조

김복희
김숙희
김진대

사랑의 힘·4 외 1편

김 복 희

우리 집 사랑의 힘
어디서 오는 걸까
살아 움직이는 희망 하나 가득 펴고 있는
내 핏줄
가득히 낳은
봄 향기 같은 아들 딸들

네잎클로버

백일장 행사장에
네 잎의 토끼풀꽃

행운의 잎이라고
다함께 손뼉친다

그 소리
깜짝 놀라 깬
영산홍이 웃는다

김복희 | 2001년 시조 등단. 매월당문학상, 한국크리스챤 문학상, 세계문인협회 문학대상, 경북여성문학상 수상. 한국문인협회, 한국수필가협회, 영가시조문학, 한국시조시인협회 회원. 시집 『풍기인삼』, 『사랑의 힘』, 『섬돌을 밟고 서면』. 수필집 『장미빛 인생』. bokhee01@daum.net

시조

석산화石蒜花 외 1편
— 꽃무릇

김 숙 희

선홍빛 족두리에
하늘대는 명주 날실
살포시 손 닿으면
선 울음 묻어날 듯
봉오리 열릴 때마다 너무 고와 애처롭네.

긴 꽃술로 더듬어도
닿지 않는 보고픈 님
화관무花冠舞 한 삼 자락
한 실어 날려 보네
네 이름 화엽불상견花葉不相見 조물造物이 지어준 걸.

차를 마시며

공허함 달래 주는
은은한 녹차 잔엔
구르는 이슬 모아
천년을 우린 물빛
청산을 펼치던 기억 풀물처럼 스미고.

내려온 하늘빛이
어찌 이리 고울까?
따라온 하얀 구름
솜사탕 녹이는데
마시면 사라질까 봐 비우지를 못하네.

김숙희 | 2017년 시조 등단. 원주 전국시조백일장(시조) 장원, 신사임당 여성문예대전(시) 장원. 강원시조, 벽운한시 회원

시조

통일로 가는 길 외 1편

김진대

바다로 간다고 저 바다로 떠난다고
파도에 맞서는 바위섬이 되라고
파도에 잠기더라도 가라고 가라고

등대도 하나 없는 바다에 파도뿐인
길이라도 바다는 바깥에 머물 뿐
저 멀리 파란 물결이 길을 내고 있는데

아침이면 태양빛도 받아내는 바다에
매우 험한 물결에 한숨을 돌리다가
마음도 도로 방으로 돌아오고 말았구나

성긴 그물이 준비되면 뒤엉킨 길이라도
순금의 아침을 길어 올려야 하지 않니
이 길이 모세혈관처럼 보여도 떠나야지

아버지를 아버지의 아버지를 따라서
떠나지 못하는 너의 등은 시리겠구나
바다는 잃어버린 땅을 지켜보고 있단다

등산객

바람을 맞으면 받아서 길 내주고
풀뿌리 내리면 품어서 길러 주는
교실엔 제자 되고자 스스로 찾아온다

김진대 ｜ 2019년 시 등단.《월간문학》시조 등단. 교원문학상, 공무원문예대전 수상. 시집 『풋굿』

수필

강대식
강별모
김문호
김오진
박윤지
사공정숙
신상숙
유선자
이현실
조명래
최희명

隨筆

수필 강대식

룰 rule

　화사한 계절이 그립다. 회색 빛깔로 덧칠해진 우울한 계절이 아닌 연초록 녹음으로 우거지고 파란 하늘에 뭉게구름 한 조각 노니는 계절이. 절기節氣상으로만 보면 지금이 그런 계절이지만 사람들의 마음에서 보면 탁한 시계視界에 뿌연 미세먼지로 가득 찬 듯한 우울한 일상日常이다. 무엇 하나 딱 부러지게 신나고 기분 좋은 일거리는 없어 보이고, 처지고, 없고, 안 되고, 힘들고, 조심하고, 분통 터지는 부정적인 이미지로 가득한 내용들이 뉴스를 도배하다시피 하니 더 우울하다.
　시인 이육사李陸史는 칠월을 청포도가 익어 가는 시절이라고 노래했다. 청포도 알갱이마다 마을의 전설이 주절이주절이 열리고 먼데 하늘이 꿈꾸며 알알이 들어와 박혀… 시를 보면 편안하고 안락한 전원풍의 시골이 그려진다. 누구나 꿈꾸고 싶은 고향의 아름답고 행복했던 정취는 칠월에 더 무르익고 그리워지며 추억의 샘골을 자극한다.
　사람들은 사회생활을 시작하면서 규칙을 만들기 시작했다. 혼자서 마음대로 하던 것들도 두 사람 이상이 모이면 나름대로 규칙이 필요했기 때문이다. 서로의 의견을 모아 만들어진 규칙은 서로 간에 이를 반드시 지켜야 할 덕목으로 삼았다. 국가는 서로 다른 생각을 가진 많은 사람들이 함께하는 것이어서 룰보다는 조금 넓은 범위를 포괄적으로 관리하는 법규를 만들었다. 법규는 국민이라면 반드시 누구나 지켜야 하는 가장 최상위의 규율이 되었고, 이를 지키지 않으면 국가는 지키지 못한 자에게 형벌로 응징했다. 마을에는 권선징악과 상부상조를 목적으로 향약鄕約을 만들어 사용했고, 문중에는 문중 나름의 규약을 만들었으며, 같은 목적을 가진 사람들은 나름대로 친목과 공제共濟를 목적으로 한 종계宗契, 혼상계婚喪契, 경제적 곤란을 타개하기 위한 호포계戶布契, 농구계農具契 등 계契를 만들어 나름대로의 계율契律을 지켜 왔다.

당시 사람들은 이 계율을 지키지 않으면 마을에서 발을 붙이고 살아갈 수 없었다. 계율은 나라의 국법國法보다 더 가까이에서 접하는 덕목德目이다 보니 엄하게 구성원들을 제약했다. 이를 지키지 않는 것은 곧 구성원으로서의 존재가치를 상실하는 것이었다. 계율을 지키지 않는 사람은 신의가 없는 것이며, 상종相從하지 못할 존재로 낙인烙印찍혔다. 신의信義를 목숨처럼 지키던 사람에게 룰을 저버린 행위는 구성원 사회에서 매장賣場되는 것과 매한가지였다.

현대에도 우리는 많은 룰 속에 살아간다. 그 룰은 구성원이라면 지켜야 할 원칙이다. 룰을 지키지 않으려면 그 모임의 구성원에서 탈퇴해야 한다. 그렇지 않다면 그 모임이 제대로 운영되기 어렵다. 그럼에도 자신에게 불리하다는 이유로, 자기 의사意思에 반한다는 이유로, 일을 추진하는 사람이 마음에 들지 않는다는 이유로 구성원이 지켜야 할 룰을 깨고 반대적 입장을 취함으로 인하여 모임의 존재 자체를 부정하는 것과 같은 모양새를 보여 주기도 한다. 이렇게 되면 그 모임은 흔들리고 다른 회원들에게 당당한 모습을 보여 줄 수 없다. 조직이 깨지고 흩어지는 것은 순식간의 일이다. 모래성을 쌓아 놓은 후 조금씩 물을 부어 굳혀 나가야 튼튼하게 세월을 이기게 된다. 그러나 모래성을 쌓자마자 바람이 불거나 거친 비가 쏟아지면 아무런 흔적도 없이 사라져 버리는 것처럼 조직도 구성원이 룰을 지키며 다독이며 서로 믿음을 이어갈 때 강하고 튼튼

한 조직이 된다.
　얼마 전 벌어졌던 일은 도저히 있어서는 안 될 사건이었다. 같은 조직 내에서 경쟁을 한다는 것은 곧 경쟁이 마무리되었을 때 그 결과에 승복을 하겠다는 의미로 해석되는 것이다. 그렇기에 경쟁을 나서려는 사람은 자신이 경쟁에서 승리할 수 있다는 믿음과 설사 경쟁에서 패했다 해도 그 결과에 승복하겠다는 마음가짐을 가지고 경쟁에 임하는 것이다. 누구 키가 큰가를 재는 것처럼 자[尺]만 들이대서 승자를 결정하는 것이 아니라면 단체 나름의 선정 방식과 경쟁자들을 심사할 심판을 정한다. 그렇게 정해진 심판들은 경쟁자들의 여러 가지 정황과 실적을 감안하여 심사하고 최종 승자를 정한다. 승자가 둘이 될 수 없기에 어차피 최종 승자는 하나이다. 이렇게 선택된 자는 그 단체의 대표성을 부여받는 것이다. 그러나 이 선정 결과에 불복하면 많은 문제가 뒤따른다. 결과에 승복하지 않음으로 인해 조직의 권위는 땅에 떨어지게 된다. 조직의 권위가 떨어지면 다른 사람들의 손가락질을 받거나 조직이 무시당하는 결과를 초래하여 조직의 존폐에도 영향을 미칠 수 있다. 경쟁했던 상대방에게는 많은 부담과 스트레스를 주게 되고, 간혹 자신이 다른 시각에서 더 나은 결과로 선정되어도 이미 한 번의 패배와 불복으로 인해 영광보다 더 저질의 상처를 입게 된다. 조직을 배빈하였다는 배신자의 낙인이 찍히는 것은 물론 결과에 승복하지 못하는 신의가 없는 사람으로 치부된다. 같은 조직 내에서 다른 회원들과 같이 공존하기도 어렵다. 그래서 룰이 필요한 것이다. 룰은 조직의 구성원이라면 반드시 지켜야 되고, 결과에 승복해야 하는 최소한의 규칙이며 스스로 지키려고 몸가짐을 바르게 해야 되는 덕목이다.
　스트레스로 가득했던 며칠이다. 쉽게 마음을 접으면 편안한 것을 마음을 내려놓지 못하고 전전긍긍하다 시간만 허비했다. 뒤돌아보면 아무 것도 없는 허상虛像인 것을 나는 무엇에 그토록 목을 매고 있었을까. 무엇을 얻고자 그런 영욕에 마음을 비우지 못하고 세속에 찌든 얼간이처럼 마음을 끓였을까. 아직도 부족한 것이 많은 중생衆生인가 보다. 마음을 비우고 버리면 편안해질 것을. 이제 내 나이도 환갑을 바라보는 초로初老의 나이이건만 마음을 쓰는 쓸쓸이는 불혹不惑의 유혹도 견디지 못하는 못난 사람이었구나를 생각하니 머리를 한 대 얻어맞은 듯 멍하다.

　내가 먼저 비우면 안 될까. 내 가슴에 물어본다. 복잡하게 얽혀 버린 실타래를 머리에서 던져 버리면 안 될까. 다시 흔들리는 머리에 물어본다. 이성理性을 찾고 냉정하면 쉽게 답을 얻을 수 있는 것도 이처럼 고지식하고 욕심을 버리지 못해 고민하고 있으니 아직 한참을 더 수도修道해야 하나 보다. 깨우친다는 것은 큰 것을 하나쯤 잃어버려야 얻게 되는 교훈인가 보다. 남의 허물이 커보여도 내가 이를 받아 주지 못하고 비난하면 내 허물 또한 그럴 게다. 룰을 조금만 지켰더라면 얼마나 좋았을까를 생각해 본다. 아직도 허한 마음을 다독이며….

강대식 | 2018년 수필, 2019년 시 등단. 홍은문학상, 청주예술상 외 다수 수상. 푸른솔문인협회 회장. 청솔문학작가회 고문. 충북문인협회 부회장. 청주문인협회 감사. 충북수필문학회 부회장. 시집 『새로운 잉태를 희구하는 마음으로』, 『별목련』. 수필집 『예담촌의 춘하추동』. 기행수필집 『차마고도에서 인생을 만나다』, 『인도 라다크 힐링여행』. 사진집 『늘솔』.

| 수필 | 강별모 |

석상 앞에 서면

　초등학교 동창 중에 석공업에 종사하는 친구가 있었다. 사고로 부모님이 일찍 돌아가시자, 학업을 중단하고 직업 전선으로 뛰어들었다.
　친구는 이것저것 가릴 형편이 아니었다. 세 명이나 되는 동생들의 뒷바라지와 학업을 책임져야만 했다. 그래서 조금이라도 보수가 많은 직장을 찾던 중, 지인의 소개로 석상 만드는 일에 종사하게 되었다. 석수는 힘든 육체적 노동과 열악한 작업 환경 때문에 그 어느 직종보다 보수가 많았다.
　채석장에서 실려 온 커다란 암석은 석수의 손에 의해 아름다운 작품으로 재탄생하게 된다. 지금은 성능 좋고 편리한 기계들이 나와 암석을 자르고 깎는데 수월하게 작업하게 되었지만, 예전에는 정 쐐기 망치 같은 몇 가지 도구만으로 조각하기 때문에 많은 시간과 어려움이 따랐다.
　석상 하나 만들기 위해서는 먼저 암석 위에 만들고자 하는 작품의 밑그림을 그린다. 그런 다음 정 쐐기 망치로 수없이 깎아내고 파내고 다듬는 과정을 거쳐야만 한다. 가장 선호하는 석상은 단단하면서 고운 결을 지닌 화강암이다. 화강암으로 조각한 석상은 오랜 세월이 지나도 잘 변하지 않을 뿐 아니라, 쉬 망가지거나 손상되지 않기 때문에 최고의 가치로 여긴다.

　실수로 잘못 조각되었거나 취급 부주의로 파손된 석상은 그 가치가 현저하게 떨어진다. 잘못 만들어진 석상은 원 상태로 복원할 수 없기 때문에 몸과 마음이 하나 되어 작업해야 한다. 암석을 다루다 보면 날카로운 돌조각이 튀어 다칠 수 있을 뿐 아니라, 쇠망치 정 쐐기 같은 연장을 취급하기 때문에 잘못하면 사고로 이어지기도 한다. 그래서 안전 수칙을 철저하게 지켜야 한다. 뿌옇게 날리는 돌가루 속에서 몇 시간 동안 작업하는 친구 모습을 보면 안쓰러울 때가 있다.

　어느 날, 친구가 조각한 석상들을 둘러보게 되었다. 그동안 친구가 깎고 다듬어 조각한 비석 석물 부처상 동물상 등이 창고에 가득 전시되어 있었다. 창고에 들어서는 순간, 그 정교함과 아름다움에 숨이 턱 막힐 지경이었다. 수많은 땀과 정성이 깃든 멋진 석상들을 보니, 눈이 부실 정도였다. 내가 객지에 나가 있는 동안 친구는 석상 만드는 일에 전념해, 석수의 권위자가 되어 있었다.

　당장이라도 창공을 향해 날아갈 듯, 날개를 쭉 편 수리부엉이, 먹잇감을 향해 낮은 자세로 앉아 있는 호랑이, 고관 대갓집 묘 앞에 서 있을 웅장한 비석과 석물들, 가지런히 좌정하고 염불하는 부처상을 보니, 입이 다물어지지 않았다.

　친구가 조각해 놓은 석상들을 보며 나는 생각한다. 날카롭고 울퉁불퉁한 암석을 수없이 깎아내고 매끄럽게 다듬어 아름다운 석상을 만들어 내듯, 도깨비방망이처럼 가시 돋은 내 마음도 저 석상들처럼 매끄럽게 다듬어졌으면 정말 좋겠다는 생각을 해본다. 이제부터라도 고운 마음씨로 살아가겠노라 다짐해 보지만, 그때뿐이다. 절제 못하고 불뚝거리는 마음을 다스리지 못할 때는 한심스럽고 원망스럽다.

　우리 아버지와 친구 아버지는 같은 동네에 살면서 가깝게 지내온 친구 사이였다. 그래서 우리 아버지는 부모를 일찍 여읜 친구가 불쌍하다며 물심양면으로 도와주었다. 그래서 그런지 친구는 우리 아버지를 친아버지처럼 여겼다. 부모님이 돌아가시자, 친구가 모든 장례 절차를 도맡아 치러 줬을 뿐 아니라, 묘 앞에 비석과 석물을 세워 주기도 하였다. 내가 어쩌다 고향에 내려가 부모님 산소를 둘러볼 때마다, 석상 만드는 친구 모습이 떠오르곤 한다.

 암석은 한 겹 한 겹 깎아내고 다듬을 때마다 더 매끄럽고 고운 빛을 발하건만, 일상의 오욕으로 찌든 내 마음속은 벗겨내고 벗겨내도 많은 지저깨비들이 쏟아져 나왔다. 내가 그렇게 많은 욕심을 안고 살아왔는지, 나 자신도 놀라울 정도였다. 그 많은 욕심을 다 떨쳐 내려면, 많은 시간과 노력이 필요해 보였다.

 오랫동안 석수 일에 종사해 왔던 친구는 돌에 관한 한 달인이라 생각되었다. 친구는 말했다. 잡념과 욕심으로 가득하면 좋은 작품이 나오지 않기 때문에, 먼저 마음을 비워야 한다고 하였다. 주문한 사람의 욕구를 충족시켜 주려면, 정성과 땀 흘려 작업해야 한다고 하였다.

 특히 그날 기분에 따라 달라질 수 있는 인물상은 며칠 전부터 심신 가다듬는 수련에 들어간다고 하였다. 언젠가 잘 알고 지내는 화가한테 들은 말이다. 그날, 화가의 감정에 따라 얼굴 모습이 달라질 수 있기 때문에 인물화 그리기가 가장 어렵다고 하였다. 곰곰이 생각해 보니, 그럴 것 같다는 생각이 들었다.

 친구는 석상 박물관 하나 지어 놓고 가는 것이 소원이라 했는데, 그 꿈을 이뤄 보지 못하고 폐 질환에 시달리다가 세상을 떠났다. 요즘, 보기 드문 석공 기술자가 떠난 것 같아 매우 안타까웠다. 어쩌다 공원에 세워진 석상이나 사찰의 대웅전 불상을 보게 되면, 평생 석공으로 살다간 친구가 떠오른다.

 석수가 모난 곳을 수없이 깎고 다듬어 아름다운 석상을 만들어 내듯, 사람도 평생 갈고 닦아 매끄럽게 만들어 가는 것이라 생각한다. 커다란 암석 덩어리가 훌륭한 예술 작품으로 재탄생한 것을 보면, 곱게 피어난 꽃송이 같다는 생각이 든다. 영영 지지 않는 꽃, 석화石花인 것이다.

나는 가끔 포항 호미곶 해안가를 찾는다. 그곳에 가면 화강암과 청동 재질로 제작된 손 모양의 조각물이 세워져 있다. 상생과 화합의 상징물이라고 하는데, 나는 그 조각상을 볼 때마다 아직도 계층 간, 세대 간, 지역 간, 갈등하고 있는 현실을 보면 안타깝다는 생각이 든다.

또한 국가와 국민을 위해 헌신하다 살다간 선조들이 떠오르기도 한다. 생활이 어렵고 힘들 때마다 그런 사람들을 생각하면 삶의 의욕과 희망을 갖게 된다. 그런 분들이야말로 영영 지지 않는 꽃이다. 즉 인화人花인 것이다.

석상 앞에 설 때마다, 나는 생각한다. 욕심 많고 시도 때도 없이 불뚝거리는 내 마음은, 언제 저 석상처럼 곱고 매끄럽게 다듬어질 수는 있을까? 나는 언제쯤 인생의 향기를 발하며 지낼 수 있을까? 나 자신에게 물어보지만, 요원하기만 하다.

강별모 | 2019년 수필 등단. 전국공무원문예대전 수상

수필 김문호

물나무

새벽 뒷산을 다녀오려고 거실로 나섰더니 근원 모를 향내가 코를 찔렀다. 마침 뒷산 자락에 흐드러진 아카시아 꽃인가 했다.

실은 어제 새벽에도 그렇게 지나쳤던 것인데, 가만히 생각해 보니 미심쩍은 데가 없지 않았다. 아무리 아파트가 산속에 있고 아카시아가 한물이라 하기로서니 코앞에 있지도 않은 꽃의 향내가 이중으로 닫혀 있는 문틈으로 진하게 스며들기는 어려울 것 같았다. 오늘 새벽의 향내가 어제의 그것보다 한결 짙게 느껴지는 점도 심상치는 않았다.

가만가만 짚어 본 향내는 거실 앞쪽에서 흘러들고 있었다. 발코니로 통하는 미닫이창을 열자, 그곳에 고여 있던 꽃향기가 거실로 쏟아져 들었다.

거기 발코니에, 빨래 건조대 너머 안쪽 구석에, 아직 풀지 않은 이삿짐 꾸러미들 사이에 키만 홀쭉한 화분 하나가 놓여 있었다. 대형 오지화분에 말뚝처럼 박힌 검은 등걸 위로 가늘고 긴 예닐곱 대궁들이 잎을 피우고 있었다. 1미터도 넘게 자라면서 짧지 않은 세월을 증언하듯 거칠거칠 마른 대궁들이 모질게 자란 수숫대의 그것 같은 이파리들을 우산살처럼 펼쳐 들고 있었고, 우듬지로 솟은 꽃대가 볼품없는 꽃을 피우고 있었다.

나무젓가락에 진배없는 수직 꽃대에 안남미 쌀알을 닮은 흰색 꽃들이 촘촘히 박혀 있었다. 쥐똥나무 꽃의 그것보다는 맑고 짙으면서 아카시아나 라일락만큼 강렬하지는 않은 향기였다.

물나무가 거기 있었다는 사실이 놀라웠다. 줄잡아 삼십 년을 동거해 온 그것의 존재를 내가 잊고 있었다. 십오륙 년쯤 전 어느 봄에 그것이 꽃을 피웠다고 아내가 반색하던 일이 있었다. 그로부터 한참 뒤, 웃자란 대궁들이 천장에 닿는다고 난감해하는 아내에게 내다 버리라고 타박했던 기억 이후 지금까지 까맣게 잊고 있었다.

필시 아내가 웃자란 몇 대궁을 잘라내고 거실보다 천장이 높은 베란다로 옮겨 놨으리라. 그리하여 그곳 아내의 허술한 화원의 잡다한 풀 나무들 속에 묻힌 채 지내왔으리라. 그렇다고 하더라도, 바로 며칠 전에 이사를 오면서도 내 눈에 띄지 않았음은 확실한 충격이었다.

아내가 물나무를 키우기 시작한 것은 삼십 년도 더 전이었다. 내가 해운공사 부산지점에서 근무할 때였다. 어느 날 재봉틀 실패만 한 원목 토막 하나가 수반 위에 세워져 있기에 뭐냐고 물었더니 바로 그것이라 했다.

시답지도 않던 것이 촉을 틔우면서 분위기가 달라졌다. 말라붙은 듯 딱딱한 수피를 뚫고 대나무의 그것처럼 움터 오른 순들이 겹겹의 잎을 피워내는 것이었다. 여린 듯 당찬 듯 천천히 돋아나는, 연두색 줄무늬가 잡힌 초록 이파리들이었다. 주로 인도네시아에서 입항하는 외항 선원들이 들여오는 것이라 했다.

우연히 올라가 본 우리 회사의 동남아 취항 선박에도 선실마다 물나무가 흔했다. 제법 큰 것으로 몇 개를 구해 들고 퇴근했더니 아내의 입이 함지박만큼 벌어졌다. 그로부터 아내의 물나무 수집 욕구에 불이 붙었고 나는 충직한 외조로 포기 수를 늘리어 갔다. 아는 선원이나 항해사들을 푸시킨의 금고기 이야기에 나오는 노인처럼 찾아다니면서.

몇 년 뒤, 서울로 이사한 나의 아파트에는 서른 포기도 넘는 물나무가 무성했다. 대부분은 밑둥의 지름이 한 뼘을 넘으면서 하나 같이 맑고 성싱한 잎을 피우고 있었다. 집들이 온 손님이나 이웃들이 처음 보는 초록 숲을 감탄하면서 탐을 내기도 했지만 아내는 들은 체하지 않았다. 소문을 듣고 찾아온 꽃집 주인이 몇 포기만 팔라고 애걸했을 때도 아내의 독점욕은 요지부동이었다. 그러면서 아내는 아파트 속 초록 밀림의 호사를 만끽하는 것이었다. 특히 눈 내리는 겨울 창가의 그것을 유난히도 대견해했다.

언제부턴가 물나무에 대한 아내의 애착이 느슨해지기 시작했다. 어느새 고등학생이 돼 버린 아들놈들의 입시 전쟁에 휩싸이면서였을 것 같다. 물나무가 정식으로 수입되면서 희소가치가 소멸된 즈음이기도 했으리라. 그로부터 시간이 흐르면서, 집 안에 가득하던 그것들이 하나 둘 없어지고 지금의 한 그루가 나도 모르게 남아 지낸 셈이 있었다. 크고 굵은 생나무를 통째로 잘라낸, 밑둥의 지름이 한 뼘을 훨씬 넘는 등걸이었다. 처음에는 수반에서 키우다가 잔뿌리가 하얗게 엉길 때쯤 오지 화분으로 옮겨 심은 것이었다.

물나무라 하기도 하고 행운목이라 부르기도 하는 그것의 정확한 이름이나 생태를 나는 알지 못한다. 열대 지방의 강가에서 잘 자란다는 것과 좀처럼 꽃이 피지 않는다는 이야기만 듣고 있을 뿐이다.

무척 긴 시간 끝에 한 번씩 피어나는 꽃. 그러면서 운이 닿는 사람만이 그 꽃을 볼 수 있다는 나무. 그래서 행운목인가?

그것이 또 한 번 꽃을 피웠다. 막내 놈을 마저 성가시키고 며칠 전에 이사 온 이곳 대모산 기슭 아파트에서 슬며시 꽃을 피운 것이다. 기다림이나 기대를 지나 존재마저 까맣게 잊어진 순간에 행운처럼 그렇게 다가온 꽃이었다. 비슷한 시기에 새순과 갓난아기로 태어나서 함께 자라던 아들놈들이 저마다 짝을 지어 떠나간 시간과 공간에 기적같이 피어난 그것이 반갑고 고마웠다.

아내에게 알리려고 안방으로 갔더니 아내는 세상 모르게 자고 있었다. 전에 없이 달라진 모습이다. 새벽마다 출근 시간이 늦었다고 안달하는 막내 놈에게 한 숟가락이라도 더 먹이려고 닦달하던 달포 전의 모습은 간 데 없고, 웬만한 이삿짐은 풀지도 않고 밀어 둔 채, 끝도 없이 늦잠을 잔다. 연년 혼사에 뒤이은 이사의 피로만은 아닌 것 같다.

깨울까 말까 망설이면서 들여다본 아내의 푸석한 얼굴에는 골 깊은 주름살이 가득 피어 있었고, 윤기 없는 손등과 마디 굵은 손가락들이 물나무 대궁처럼 거칠했다. 처음 보는 모습이었다. 차마 깨우지 못하고 물러나와 다시 마주한 물나무가 새삼 외롭고 쓸쓸하게 보였다. 초록이 탈색된 연두색 이파리와 겨울 수숫대처럼 바싹 마른 대궁, 백발 같은 꽃대의 모습이 자꾸 무엇에 겹치면서 애처로웠다. 그러면서 어제부터, 어쩌면 그 이전부터 나를 향한 그것의 간곡한 부름을 무심히 지나쳤던 내가 미안하고 후회스러웠다.

결국은 나의 소용으로 고국을 떠나왔다가 향수마저 사그라진 물나무의 고향은 어디일까? 수마트라의 남단 땔룩베퉁. 뒷산이 화산 연기를 뿜고 있는 앞바다에 산호초가 구름처럼 번져나고, 키 낮은 목탄 열차가 파초 숲속으로 뱀처럼 숨어들던 그곳일까? 아니면 자바의 동쪽 수라바야. 스콜이 씻어 내린 쪽빛 하늘에 남십자성 별빛이 곱게 뜨던 그 언저리일까? 그곳도 아니면, 당홍 가오리연들이 갈매기 떼처럼 나부끼며 섬을 지키던 셀레베스의 하얀 모래 해안. 등탑은 숲에 가려 보이지 않았고 때 이른 해 질 녘의 등댓불이 야수의 눈빛처럼 반짝이던 그 어디쯤일까?

아내는 여전히 깊은 잠에 빠져 있었다. 꿈을 꾸고 있는 것일까? 어린 것들 안고 업고 땀이 향기롭던 시절을. 아니면 단발머리 나풀거리며 넘나들던 살구꽃 고향 마을이라도?

뒷산 숲속의 뻐꾸기는 새벽마다 올라오던 내가 오늘은 뵈지 않는다고 울어대고 있었다. 그러나 오늘만은 이대로 아내와 물나무 사이에 머물러야겠다. 그러다가 아내가 깨어나면 향기로운 소식을 전해야 한다. 그러면 아내는 십오륙 년 전 그때만큼 반색하며 좋아할까?

물나무를 거실 안으로 들여놔야겠다. 그러고는 나도 새벽마다 대모산 샘물을 길어 와서 그의 발등에 부어 줘야겠다. 아내와 물나무와 내가 셋이서 그런대로 두런두런 살다 보면, 서로가 서로를 의식하지 못하는 합일의 피안에서 또 한 번 행운의 꽃이 피어나는 것일까?

김문호 | 2003년 수필 등단. 제27대 회장. 시흥문학상, 해양문학상 수상. 한국문인협회 해양문학연구 위원장. 수필집 『내 인생의 자이로 콤파스』, 『윌리윌리』. jookhyun@hanmail.net

김오진

태풍의 길목에서

제주도는 바람의 섬이다. 사시사철 사방팔방에서 바람이 세차게 불어온다. 한겨울 하늬바람이 강하게 불 땐 살이 에이는 듯하다. 태풍의 길목인 제주섬은 숙명처럼 이를 맞이하고 보낸다. 제주인들의 삶에는 바람의 흔적이 짙게 배어 있다. 제주인들은 바람을 밥으로 먹으며 역사와 문화를 일구어 왔다고 해도 과언이 아니다.

제주도에 불어오는 바람 중에서 가장 강한 것은 태풍이다. 태풍은 발생 장소에 따라 타이푼, 허리케인, 사이클론 등으로 다양하게 불린다. 우리가 흔히 말하는 태풍颱風이란 용어의 기록은 1904년부터 1954년까지의 기상관측 자료가 정리된 『기상연보 50년』에 처음으로 등장했다. 조선왕조실록 등의 역사서에는 구颶, 구풍颶風, 대풍大風 등으로 기록되어 있다. 구풍은 사방의 바람을 빙빙 돌리면서 불어오는 바람이고, 대풍은 매우 센바람이라는 뜻이다. 제주에선 과거에 '놀브름'이라고 부르기도 했다.

지구상에서 태풍은 1년에 대략 60개 정도 발생한다. 그중 북태평양 남서부 해상에서 1년에 26개 정도 발생하고, 우리나라에는 3개 정도 온다. 월별로 보면 8월에 가장 많이 오고, 7월, 9월, 6월, 10월 순이다.

태풍은 지구의 열 균형을 유지하려는 하늘의 몸부림이다. 적도 부근의 과잉 열을 상대적으로 부족한 고위도 지역에 퀵서비스로 나눔 하려는 것이다. 지구상 열에너지의 양극화를 해소하고, 열대 해상의 대기 불안정을 감소시키는 해결사인 셈이다. 태풍은 이동 과정에서 생태계에 피해를 주기도 하지만, 알고 보면 이로움이 더 많다.

요즘 태풍은 심상치 않다. 소위 슈퍼 태풍이 근래에 자주 내습하고 있다. 노인들에게 과거 경험했던 공포의 태풍을 물어보면, 1959년 '사라' 태풍을 많이 이야기한다. 그러나 2000년대 접어들어 기록적인 슈퍼 태풍들이 줄지어 우리나라를 강타했다. 2000년 프라피룬, 2002년 루사, 2003년 매미, 2007년 나리, 2010년 곤파스, 2012년 볼라벤 등이 내습하여 큰 피해를 주었다. 2016년 차바는 우리나라 기상 관측 사상 시월 태풍 중 가장 강력했다. 2019년엔 무려 7개의 태풍이 우리나라에 영향을 주었다.

태풍은 왜 점점 독해지는 것일까. 전문가들은 지구 온난화로 인한 기후 위기에 그 원인을 찾고 있다. 기후 위기로 해수온이 상승하면서 태풍은 에너지원인 수증기를 더 많이 공급받고, 잠열을 더 방출하면서 더욱 강해진다고 한다. 인류가 환경을 무시하고 온실가스를 과잉 배출하니까 태풍은 울화통이 터진 모양이다.

과거엔 태풍이 우리나라에 근접하면 세력이 약해지는 게 일반적이었다. 그러나 요즘 태풍은 우리나라 가까이 와서 더 강해지기도 한다. 지구 온난화로 우리나라 근해가 뜨거워져 에너지원인 수증기를 더 많이 공급해 주기 때문이다.

인류가 겪는 자연재해 중 인명과 재산에 가장 큰 피해를 주는 것 중 하나가 태풍이다. 우리나라에서 발생하는 기상재해 중 가장 피해를 많이 주는 것도 태풍이다. 태풍의 피해를 줄이기 위해서는 그 발생과 진로를 계속 감시하고, 우리나라에 미칠 영향을 미리 예보해야 한다. 과거의 데이터에만 의존하여 안일하게 대처하다가는 돌이킬 수 없는 재앙을 맞을 수 있다.

　천고마비의 계절이다. 제주도엔 가을 태풍이 여름 태풍보다 무섭다는 속담이 있다. 감귤이 탱글탱글 익어 가고 오곡이 무르익는 때이건만, 태풍이 오면 한순간에 결딴나 버리곤 한다. 지구 온난화로 인해 태풍의 위험이 점점 커지고 있다. 기후 위기에 수수방관하지 말고, 탄소 제로 사회로의 대전환에 동참하는 것도 필요하다. 유비무환이라 했다. 모든 역량을 총동원하여 태풍에 철저히 대비할 때 안전한 나라가 되지 않을까.

김오진 │ 2016년 수필 등단. 저서 『조선 시대 제주도의 이상기후와 문화』.
tamnageo@hanmail.net

수필　박윤지

먼 훗날의 달에게

"상원사 갈까?"

엄마가 대뜸 물었다. 두 해 전쯤 추석 명절 연휴가 하루 이틀 정도 남아 있을 때였다. 처음 듣는 이름이라 거기가 어디냐고 궁금해했더니, 가 보면 안다는 식의 대답만 돌아왔다. 원주에 가면 상원사라는 절이 있고 그 산 초입에 '소롯길 찻집'이 있는데 거길 꼭 가야 한다는 말만 덧붙이면서. 말이 끝나기가 무섭게 엄마는 행장을 갖추었고, 아버지와 나는 기꺼이 따라나섰다.

그 마을에 도착했을 때는 이미 밤 열 시 가까운 시각이었다. 인가의 불빛도 감감하여 길을 찾기 쉽지 않았다. 비는 부슬부슬 내리고 차가운 산 공기가 아랫마을까지 무겁게 내려와 있었다. 엄마는 창문 너머를 내내 주시하더니 불 켜진 구멍가게에 들어가 할머니 한 분께 하룻밤 묵을 만한 데를 물었다.

먼 친척뻘 되는 아제에게 연락을 넣어 보겠단 답변이 돌아왔다. 나는 속으로, 시골 인심이야 서울에 비하면 후하고 주인장 입장에선 쏠쏠한 용돈 벌이라도 될 수 있으니 설마 거절이야 당하겠나 싶었다. 곧 아저씨 한 분이 와서 방이나 한 번 보겠냐며 집으로 우리를 데리고 갔다.

그 집 마당에 들어서자마자 엄마는 갑자기 들뜬 목소리로 바로 여기라고 좋아했다. 그리고는 다짜고짜 주인장에게 이십 년 전 일을 꺼냈다.

"그때 제가 예닐곱 명 같이 와 여기 마당에서 고기 구워 먹었거든요. 마당은 다 그대로인 것 같네요. 한쪽에 텃밭 있고… 집은 개보수하신 거죠?… 당신 기억 나? 막내 다섯 살 먹었을 때, 그때 송사장네랑 영기네랑 같이 왔잖아."

아버지는 전혀 기억이 안 나는 눈치다. 막냇동생 다섯 살 때면 이십 년이 된 일을, 가뜩이나 기억력 안 좋은 아버지가 엄마처럼 세세히 알 리 없다. 그래도 엄마가 계속 이런저런 장면을 풀어놓으니 뒤늦게 고개를 끄덕거리며 맞장구를 쳐 준다. 엄마는 그새 우리가 새벽에 일찍 나갈 것을 강조하며 주인장과 흥정을 벌이고, 단돈 오만 원에 방을 얻었다.

방문을 열자 꿉꿉한 곰팡내가 확 풍겼다. 방 안을 스윽 훑어보며, 질서 없이 널린 살림살이들 가운데 누울 자리부터 먼저 살펴야 했다. 주인장은 지금은 숙박업을 하진 않지만 더러 찾아오시는 손님들이 있다며 밤새 보일러를 세게 틀어 주겠다는 말로 인심 쓰듯 약속하고 안채로 돌아갔다. 엄마는 수건 하나를 걸레 삼아 방을 훔치며 계속 말했다.

"내일 아침 일찍 상원사에 올라가야 하니까, 얼른 자자. 당신도 운전하느라 피곤했으니까 먼저 씻고 주무쇼."

불을 다 끄고 누워 생각했다. 이십 년 전에 엄마가 이곳에 왔단 사실이 내 기억 속에는 없다. 엄마가 아무리 설명했던들 열다섯 소녀에게는 낯선 지명이었을 것이다. 그때를 떠올려 보니, 지금 내 나이보다 고작 대여섯 살 많았을 젊었던 엄마의 모습도 잘 기억나지 않아 미안한 마음이 들었다. 그래도 오늘은 엄마의 추억이 살아 있는 공간에 들어옴으로써 추억의 공유자가 된 것 같아 왠지 모르게 기분이 뿌듯했다.

다음 날 새벽 어스름 사이로 소로길을 걸었다. 엄마가 시옷 받침이 있는 '소롯길'이라 주장해서서 나는 그 이름이 예쁜 우리말이겠거니 생각했는데 길 위에 세워진 작은 표지판을 보고 알았다. '소로길'은 동네에

작게 난 길을 보통으로 일컫는 한자어였다. 우리가 가야 할 길은 좁고 가파른 데다가 전날 밤 내린 비에 젖어 있었다. 온통 치덕거리는 흙길 때문에 우리는 천천히 걸음을 옮겨야 했다.

아직 새벽인데다 나는 잠도 덜 깬 상태여서 공기가 유난히 차게 느껴졌다. 우리끼리 산행을 자주하는 편이었지만 오랜만에 산을 오르는 나는 금방 숨이 찼는데, 그때부터는 아버지와 엄마가 틈틈이 내 손을 잡고 끌어 주었다. 가다 보니 중턱에 배추 포기들이 쌓아 올려진 것이 보였다. 아버지는 절에 올려질 것들이라고 짐작하고 몇 포기를 등에 짊어졌다. 힘이 센 걸 자랑하는 아버지의 어린아이 같은 모습에 엄마도 나도 웃었다.

서서히 새벽의 푸르스름한 기운이 사라지고 아침 햇살에 안개가 걷혔다. 우리는 상원사에 다다랐다. 그곳은 생각보다 작은 암자였다. 산기운을 닮아 반듯하게 생긴 흰 개 한 마리가 왔다 갔다 하며 절을 지키고 있었다. 아빠는 산 아래서부터 지고 올라온 배추 몇 포기를 보살에게 건넸고, 보살은 감사하다는 인사와 함께 따뜻한 메밀차를 우리에게 한 잔씩 건네주었다. 멀리 보이는 산세들에 감탄하며 앉아 있는 동안 흰 개는 얌전히 우리 주변을 맴돌았다.

가벼운 산행을 마치고 내려오니 점심때가 다 되었다. 엄마의 최종 목적지인 '소롯길 찻집'을 찾는 건 쉬웠다. 산 아래에는 다른 음식점이나 가게가 없고 오직 그 찻집뿐이었다. 가게 입구까지 들어가는 길에 놓인 작은 돌장식들과 운치 있는 통나무집을 보고 나서야, 엄마가 다시 오고 싶어 했을 만한 찻집이란 생각이 들었다. 안으로 들어가니 오래전부터 있었을 법한 물건들로 장식되어 있었다. 엄마는 들떠서 '바로 이 자리'라며 가을 하늘이 보이는 커다란 창문 옆에 앉았다. 우리는 더덕구이정식을 주문했다. 음식을 기다리는 동안 그제서야 엄마의 목적지가 왜 찻집이었는지를 들을 수 있었다.

90년대 중반, 정릉 집에 살 때였다. 두 분이 상경한 후에 아버지가 잘

못된 사귐에 빠져 노름을 하러 밖으로 나돌았던 적이 있었다. 젊은 나이에 결혼을 해서 없는 돈으로 자식 셋을 키우며 살림을 도맡아 해야 했던 엄마는 여행이 뭔지도 몰랐단다. 빚을 갚고 서울 땅에 자식 키울 집을 장만하고, 남편의 길을 바르게 돌려야 한다는 책임과 의무로 지워진 짐이 엄마에겐 너무 무거웠다. 그런데 비교적 여유로운 형편의 친구분들 내외와 교제하면서 이곳에 와 보게 된 것이다. 엄마는 그때, 일상을 벗어나 여행을 하고 아름다운 것을 보고 삶을 즐기는 게 무엇인지 어렴풋이 깨달았다고 했다. 골방에 틀어박혔던 아버지의 세계와 다른 삶을 엄마 혼자서 꿈꾸기 시작했던 것이다. 엄마는 웃으며 말했다.

"그날, 이 창문 밖에 크고 밝은 보름달이 떴더라. 그때 생각했지. 내가 언젠가 이 굴레를 벗어 버리는 날이 오면, 웃으면서 이곳에 다시 와야겠다…."

엄마는 요즘 매주 주말마다 등산을 간다. 봄이면 남해로, 여름이면 동해로. 올해 삼월엔 아버지와 함께 눈 덮인 한라산 등반에 도전했다. 젊은 날 마음먹은 것들을 실현하는 데 꽤나 긴 시간이 걸린 셈이지만 엄마는 소소하게 자신이 좋아하는 여행을 하면서 나름대로의 행복을 찾아가는 중이다.

삶의 굴레를 완전히 벗어 버리는 것은 한 인간이 살아 있는 동안 불가능한 일일 것이다. 고통이 완전히 끝나는 일은 오직 숨을 거두는 순간에만 허락된다. 우리는 굴레를 벗어날 수 없으므로 그 안에서 꿈꾸고 후회하지 않으며 살아가기 위해 애쓰는 것 같다. 많은 고통의 순간들을 견디고 버텨 온 다음에는, 잠시나마 숨을 돌리는 여유를 얻을 뿐이다. 그렇게 마음을 가다듬는 시간을 배우는 것이 평생의 과제가 아닐까.

엄마가 달을 보며 작은 소원을 빌었던, 그 소원이 이루어진 가을날의 찻집은 이제 나의 추억이 되었다. 오늘 내가 머무는 이곳에도 둥근 보름달이 훤하다. 타국에서 맞는 두 번째 추석이다. 어울려 지내는 한인들끼리 명절을 쇤다고 소소하게나마 전을 부치고 잡채나 갈비 요리를 해서 나눈다. 낮에 서울집에 전화를 걸었는데 밥은 먹었냐로 시작해서 밥 잘 먹고 다니라는 말로 끝나는 아버지와 엄마 목소리가 더욱 정겹게 들렸다. 그리운 마음이 불쑥 일어났다. 나도 이 밤, 엄마처럼 먼 훗날의 달에게 어떤 소원을 빌어 본다.

박윤지 | 2018년 수필 등단

> 수필   사공정숙

숙제

친한 선배의 집에 불청객이 찾아들었다. 아직 봄기운이 돌기에는 쌀쌀한 3월이었다고 한다. 해가 한 뼘쯤 남은 저녁 무렵, 외출에서 돌아온 선배는 마당 한 구석에서 녀석을 발견한 것이다. 젖을 채 떼지도 못한 어린 새끼 고양이였다. 추위에 바들바들 떨면서 정원의 돌 위에서 마지막 넘어가는 햇살 한 조각을 의지해 앉아 있었다고 한다. 누가 봐도 외면할 수 없는 상황이었을 것이다. 하지만 선배는 아주 작은 강아지가 발치에 다가와도 소스라쳐 놀라 멀리 도망가는 사람이었다. 아주 예쁘고 귀여운 반려동물도 어떤 연유인지는 모르지만 지나칠 정도로 겁을 내고 심지어 무서워했다. 그렇게 겁이 많은 선배도 마당에 들어온 꺼질 듯 여린 생명을 외면할 수는 없었다. 우선 작은 박스에 보드랍고 따뜻한 캐시미어 소재의 옷을 깔아 아기 고양이의 거처를 마련했다.

퇴근한 선배의 아들이 집안에 들이자고 했지만 동물에게 지나치게 겁이 많은 선배는 도저히 거기까지는 허락하지 못했다. 그래서 어린 손님은 따뜻한 보일러실을 자신의 집으로 독차지하게 되었다. 신이 난 아들은 온갖 맛있는 고양이 밥을 주문하고 동물병원에 데려가 검진과 예방접종까지 마쳤다. 얼떨결에 아기 고양이를 집에 들이기는 했지만 이때

부터 선배의 고민은 시작되었다. 날씨가 따뜻해지면서 보일러실에서 나와 온 마당을 헤집고 뛰어다니는 고양이를 마주치는 일은 선배에게는 고문이나 다름없었기 때문이다. 어떤 사람은 동물을 너무 좋아해서 동네 길고양이를 수십 마리 데려다 키우는 사람도 있지만 연민이나 자비심이 없어서가 아니라 다가서기조차 무서워 어쩔 수 없이 멀리하는 경우도 있어서이다. 선배는 그런 자신이 못마땅하였지만 아무리 애써도 피하게 되는 것은 어쩔 수 없다고 했다. 그러니 멀리서나마 정을 붙였는데 안고 보듬지 못하니 매일, 하루하루가 힘들 수밖에 없었을 것이다.

그런 사정을 전해 듣고 좋은 집에 들어온 아기 고양이가 다행이다 싶다가도 한편으로는 선배의 고충이 이해가 가지 않는 것도 아니었다. 혹시 입양해 갈 사람이 있을까 여기저기 알아보았지만 전형적인 갈색 줄무늬의 길고양이라 아무도 관심이 없다고 하였다. 새로운 화젯거리에 모두들 이구동성으로 시간이 해결할 거라고, 복 받을 거라고 덕담을 건넬 뿐이었다.

"고양이 이름이 뭐예요?" 마주 앉아 차를 마시다가 무심코 선배에게 물었다. "음, 숙제야, 숙제!" 선배의 대답에 갑자기 머릿속에 종이 울리는 것 같았다. '숙제' 정말 솔직하고 직관적인 이름이지 않은가. 생각지도 않게 찾아 든 어리고 연약한 손님은 그분에게는 해결해야 하고 풀어야 할 '숙제'나 다름없었던 것이다.

아침에 눈을 뜨면 크고 작은 일들이 줄지어 기다리고 있는 상태를 우리는 삶, 인생이라 부른다. 해결하고 풀어야 하는 숙제가 학창 시절에만 있다면 행복할 것이다. 자잘한 일상의 무늬를 입고 있는 숙제 뒤에는 풀기 힘든 난제들이 컨베이어벨트를 타고 끝없이 나타나고, 또 사라져 간다. 숙제의 본질은 의무와 책임이 아닌가 싶기도 하고, 그리고 누구도 대신할 수 없는 운명의 영역 속에 숨은 숙제와도 우리는 마주해야만 한다. 나만의 문제, 가족의 문제만 있는 것도 아니다. 수없이 얽히고설킨 인간관계에서 풀어야 할 숙제는 너무 많아 어떨 때는 감당하기 힘들어 밀려 있기도 한다. 그야말로 제대로 숙제인 셈이다. 그 숙제 검사를 성인이 된 이후로 스스로 자율적으로 하게 되자 꼼꼼하지 않고 얼렁뚱땅 넘어가는 때가 더 많은 것 같다. 내 삶의 모서리가 각이 지면 질수록 숙제를 미루고 소홀히 한 경우가 많아서일 것이다.

두 달쯤 지나 선배는 숙제의 사진을 보여 주었다. 아직은 어리지만 살이 붙어 똘망똘망해진 숙제의 표정은 생기에 차 있었다. 어떤 장난이나 말썽을 부려도 부모의 이해와 사랑을 듬뿍 받고 있음을 과시하는 어린아이의 눈빛이었다. 평범한 길고양이의 외모였지만 녀석은 충분히 예쁘고 사랑스러웠다. 선배와 제법 친해졌지만 그럼에도 여전히 집안으로 들이지 못하고 있는 것으로 보아 숙제라는 이름을 떼기에는 시간이 더 필요한 듯했다.

숙제를 잘하려면 어떻게 해야 할까. 고양이 '숙제' 덕분에 생각의 곁가지가 생겨나는 것 같다. 숙제는 우선 부지런히, 열심히 해야 할 터이다. 더 어려운 문제는 더 집중하고 애쓰면 해결될 것이라 생각된다. 하지만 나의 숙제도 마찬가지지만 선배의 '숙제'는 '열심히'로만으로 해결되지 않는 것 같다. 선배가 울타리 안에 숙제를 들인 것은 연민과 자비심, 사랑이 출발점이었다. 어쩌면 새로운 숙제나 인연의 시작도 능력과 사랑이 많은 사람에게 찾아드는 듯하다. 그리고 시간 속에서 서로를 이해하려 애쓰는 노력이 숙제를 푸는 열쇠가 아닐까 싶다. 이젠 숙제의 등을 살며시 쓰다듬을 수도 있고 녀석과 놀아 주느라 손등에 할퀸 상처도 예사롭게 여기는 선배를 보며 어쩌면 천천히 풀어 가는 숙제 속에 더 많은 추억이 쌓여 갈 수도 있음을 본다.

며칠 전에 선배를 만났더니 숙제의 이름을 바꾸었다고 한다. 아들이 좋아하는 호주 출신의 기타리스트인 토미 엠마누엘의 이름을 따 '토미'라 부르기로 했다는 것이다. 이제 '숙제'는 宿題가 아니라 토미로서 진짜 한 가족이 되었기에 축하의 인사를 건넸다. 그리고 올겨울에 아마도 집안에 들여야 할 것 같다고, 토미와의 인연이 어쩌면 먼 전생에서 깊어야 할 빚이거나 예견된 것이 아니었나 하는 생각이 든다고도 하였다. 숙제 이야기를 세 계절에 걸쳐 들으며 그렇다면 산적한 나의 숙제는 어떻게 해야 하나 자문해 보지만… 미루고 미룬 숙제들 가운데 글쓰기도 들어가, 글을 쓰는 지금도 오롯이 하나의 숙제를 해결하려 애쓰는 중이다. 이 숙제가 끝나면 또 다른 밀린 숙제를 찾아 풀어야 할 것이다. 풀지 않은 숙제는 먼 길 돌아서 선배의 고양이처럼 또 다른 숙제의 모습으로 찾아들 것이기에.

 사공정숙 | 1998년 수필 등단. 계간 『문파』 주간. 한국수필가협회 이사. 시집 『푸른 장미』. 수필집 『꿈을 잇는 조각보』 산문집 『노매실의 초가집』, 『서울시 도보 해설 스토리북』 외 다수

수필 신상숙

먼데이야

다리는 땅딸이 실룩거리는 궁둥이 바라만 봐도 웃음이 저절로 나오는 녀석이 어느 월요일 기쁨처럼 우리 집에 왔다. 헌데, 낯을 가리는지 소리를 전혀 내지 않는 답답이다. 낯선 사람이 오거나 말거나 본체만체, 산짐승들이 앞마당까지 쳐들어오는 밤중에도 침묵으로 일관이다. 아니! 저 놈의 개가 짖는 걸 모르나 궁금증이 도져서 예방 주사를 놓아 보기로 했다. 아픈 주사를 맞고도 소리를 지르지 않을 시에는 언어를 상실한 게 틀림없다는 생각으로 말이다.

그 아픈 주사를 맞으면서 어떻게 소리도 지르질 않을까? 바보 멍청이가 아니면 정말로 장애개가 맞는 거다. 녀석이 반응을 보이지 않아도 개의치 않고, 나와 남편은 녀석의 머리를 쓰다듬고 손 줘 발 주어를 가르치며 예뻐하기를 게을리하지 않았다. 더구나 기르고 싶어도 (웰시코기) 가격이 워낙 비싸서 망설이던 참에 지인에게 거저 받았으니, 아침에 눈을 뜨자마자 개장으로 달려가는 건 당연하다.

2주가 지나자 '멍멍' 짖어대는 게 아닌가! 오호라. 낯가림이 사라지고 저를 사랑하는 내 마음이 통했나 보다. 새록새록 기쁨이 도지게 하는 녀석에게 '먼데이'라고 이름을 지어 주었다. 개장 앞에서 딱 한 번 배변 실수를 해서 꾸지람을 들었는데, 그 후부터 아침 산책을 나갈 때까지 꾹 참고 기다리는 녀석, 야단맞은 걸 짐승의 머리로 기억을 하고 있으니 예뻐 할 수밖에 없다. 큰 밭으로 일하러 나갈 때마다 뭉툭한 꼬리를 살랑살랑 짧은 다리로 뒤뚱뒤뚱 앞장서 가는 녀석이 제 발걸음이 빠르다 싶으면 걸음을 멈추고 오독하니 서서 기다리기까지 한다. 고 귀여운 녀석이 지난 4월에는 임신까지 했다.

두 달을 기다려서 강아지들과 만남이 이루어지는 날이다. 출산일이 다가왔는데도 녀석은 별 반응이 없다. 밤 열두 시쯤 살펴봐도 출산 기미가 전혀 보이지 않는다. 헌데, 새벽 4시경, 재주라고는 일도 없는 큰 강아지가 '멍멍' 짖어대는데 그 소리가 우는 것처럼 들리는 게 아닌가! 후다닥 뛰어나가 보니 개장 밖으로 밀려 나온 새끼 강아지는 거의 죽음 상태이고 개장 안에서 꼬물거리는 3마리는 아주 건강해 보였다. 하지만, 들고양이가 갓 낳은 강아지를 채어 가는 건 뻔한 일이다. 때문에 해산 어미와 새끼를 얼른 베란다로 옮겨 놓았다. 세상에나 이런 경사가! 베란다에서 한 마리를 더 낳아서 합이 다섯이다.

초여름 더위로 베란다에서 어미 개와 새끼 강아지가 시달릴 것 같다. 하여, 한낮에는 소나무 아래로, 해 그늘이 내려올 때에는 베란다로 옮겨 놓기를 반복했다. 하루는 아침나절 밭일을 마치고 집에 들어오니 쨍쨍한 햇살이 베란다에 가득한 게 아닌가. 강아지들이 얼마나 더울까 싶어 소나무 아래로 얼른 옮겨 놓았다. 그런데도 눈도 못 뜬 강아지들이 소리소리 지르고 야단법석이다. 아무리 달래도 마찬가지여서 거실로 옮겨 왔다. 강아지를 달래느라 허둥거리는 나에게 남편 왈 "강아지들을 거실 바닥에 내려놓아 봐" 한다. 바닥에서도 악을 쓰는 강아지들 쪽으로 선풍기를 돌려 놓고 아이스 팩으로 턱을 괴여 놓자마자 악쓰는 소리가 차츰차츰 잦아드는 것이다. 아이들 웃음소리가 사라진 우리 집에서 나이 든 부부의 웃음소리가 담장을 넘었다.

젖꼭지에 대롱대롱 매달리는 젖먹이를 떼어 놓고 이리저리 따라다니는 어미 개, 새끼를 돌보는 품새가 달구만도 못하다. 우리 집 개들은 닭들이 제 밥그릇에 든 사료나 물을 먹어도 그냥 놔두는데, 그걸 모르는 먼데이가 큰 닭을 덥석 물어서 야단을 맞았다. 나쁜 버릇을 어찌 고쳐 놓을까, 궁리 끝에 수탉을 붙잡아 들이대자 놈이 부리로 콧잔등을 마구 쪼아대는 것이다. 그 후부터 병아리는 물론 까치도 무서워서 도망가는 녀석이 너구리와 오소리 등등 들짐승과 싸워서 이길 재간이 거의 없어 보인다.

그렇게 조심했는데도 대형사고가 터지고 말았다. 새끼 강아지를 베란다에 옮겨 올 때에는 자동으로 따라 들어오는 어미 개가 빤히 쳐다보면서 들어오지를 않는 것이다. 잠시 후 먼데이가 자지러지게 소리를 지르는 게 아닌가. 산짐승(너구리, 오소리)이 대문 안으로 들어온 걸 감지하고 잔디밭에서 버티고 있다가 습격을 받은 모양이다. 살점이 떨어져 나간 옆구리에서 피가 줄줄 흐르는 어미 개가 몸부림치는 기절초풍할 노릇이 내 집 앞마당에서 일어난 것이다. 게다가 동물병원은 이미 진료를 마쳤을 시간이고 약국도 문을 닫았을 시간에 사고가 났다. 시골 구석에서 뾰족한 수가 없으니, 급한 대로 사람에게 사용하는 소독제로 응급처치를 했다. 상처가 그 정도이면 엄청 아파서 난리를 쳐야 맞는데 어쩜 저리 잘 참을까 싶어 자꾸 눈물이 나온다. 다친 어미 개 걱정으로 고단한 여름밤을 뜬 눈으로 지새웠다.

이튿날, 처방 받아 온 항생제를 먹였으니 젖어미의 젖 양이 줄어드는 건 자명한 일이다. 그나마 다행으로 새끼 강아지들이 송곳니까지 나온 상태여서 이유식을 먹여도 될 것 같다 해서, 따듯한 쌀밥에 계란 프라이를 넣고 잘 비벼서 강아지들에게 먹였다. 이 사건으로 먼데이가 자식 사랑이 대단하다는 걸 알게 되었다. 계란 프라이가 들어간 밥이 새끼들 몫이라고 외면을 하니 말이다. 새끼들이 남겨 논 밥을 먹으라고 들이대도 본체만체, 제 밥그릇으로 옮겨 주자 그때서야 입을 대는 것이다.

어느 날, 외출에서 돌아오는 내게 막내며느리가 "어머니! 자동차 뒤

따라가는 먼데이 보셨어요, 아무리 불러도 들은 체 만 체 다리께에 쭈그리고 앉아서 어머니를 기다렸어요." 한다. 이런 세상에나! 젖먹이들은 어쩌라고, 가슴이 뭉클하다. 다 자란 개를 저 살던 곳에서 옮겨 왔으니 처음에는 나름 겁도 많이 났을 게다. 버려지는 것 같아서 짖지도 못했을 것이다. 영리한 개가 자신이 사랑받고 있다는 걸 알아서일까? 초롱초롱한 눈동자가 나에게 조준이 된 것 같아서 참 안쓰럽다.

  어미를 똑 닮아 눈동자가 유리알처럼 말간 강아지 삼형제가 엉금엉금 기어 다니며 지들끼리 장난칠 때는 여간 귀여운 게 아니다. 이 더위에 다섯 마리나 키우려니 버거웠나, 두 마리가 슬그머니 빠져나갔다. 먼데이가 슬픈 눈으로 졸졸 따라다닐 때마다 제 새끼 두 마리를 땅에 묻어 준 내게 미안해서 저러나 싶어 가슴이 짠하다. "먼데이야, 그만 아파하고 넓은 터전에서 너랑 준(유월)이랑 맘껏 뛰어놀아라. 낯선 사람이나 들짐승이 대문으로 들어오면 짖기도 하면서 말이다."

신상숙 | 2009년 수필 등단. 농촌문학상, 김포문학상, 동서커피문학 맥심상 수상. 시집 『꽃들의 수다』. 수필집 『상숙이의 팔땡치마』

수필 유선자

흐름과 멈춤의 시간

 고향 집 근처 초롱산을 마주하고 일찍 서두른 삼복의 해는 동쪽 먼 산 헤집고 솔숲 사이로 햇살을 보낸다. 비 그친 다음 날 낮은 계곡으로 흐르는 물길 거슬러 올라가다 풀숲이 우거져 놀란 듯 다시 큰길로 나왔다.
 텃밭에는 몇십 광년을 달려와 무슨 이야기를 전하려고 어둠을 헤치고 커다란 노각으로 걸려 있는지 반갑다. 맨발로 고향의 흙을 밟은 적 없음에도 잘 익은 노각은 맨몸으로 텃밭에서 나를 맞는다.

 모두가 알 수 없는 세상 밖의 일이라 해도 새들은 나무 사이에서 지저귀고 모처럼 다녀오는 엄마 산소에서 한참 내려와 커다란 소나무 그늘에 솔숲과 마주 앉아 바람의 이야기를 듣는다.
 흐르다 멈추어 서면 보이는 것이 많았음에도 시간은 늘 허우적대는 나를 한가함이 아닌 분주한 공간에 머물게 했다. 바쁨을 핑계로, 나의 삶을 구실로 자주 뵙고, 더 가까이 마주하지 못한 엄마의 목소리는 새가 울듯 고요를 흔든다.

 한여름 햇살을 비켜 가는 시간, 한 개만 품에 안아도 포만감 주는 노각은 자체로 마음을 설레게 한다. 오이가 노각이 되어 먹을 수 있는 철이 되면 행사 일정같이 매년 기다린다. 발아에서 성장까지 분신의 씨를 품어 안은 노각은 고향의 정서를, 엄마의 향기를 다 안을 수 있어 기분 좋다. 아침이면 싱그러운 산소, 저녁이면 달빛을 머금었을지 모른다는 생각을 하면서 코를 대면 맑은 향이 몸속에 스르륵 전달된다.

제법 묵직한 노각 껍질에는 세월이 준 자연의 그림이 그려져 있다. 계절의 음양이 구릿빛으로 칠해진 듯 좋아하는 색상이기도 하지만 견고함까지 가미되어 멋도 있다. 표면은 얼기설기 그물망처럼 갈라져 세월의 굽이만큼 길이 나 있다.

계절을 지나면서 힘든 일이 없었을까. 자식들이 객지에서 일하다 주말 되어 오는 여름에는 노각 무침을 해 놓고 기다리던 엄마의 사랑은 지금도 전달된다.

노각을 반으로 가르면 씨앗이 꽉 차 있다. 하얀 면사포에 싸여 있는 듯 가지런한 씨앗들의 모양이 어찌나 아름다운지 쳐다보고 또 바라봐도 지루하지 않다. 모양새가 삐뚤어진 노각이어도 씨앗들은 어진 농부의 마음인 듯 차분한 성정을 지닌 채 질서정연하다. 씨앗이 든 속살을 건져내면 하얀 고무신 모양이 두 개 나온다. 개망초 꽃이 밭 두둑에 흐드러지게 피면 식탁 위에 한 움큼 꽂아 놓았던 엄마의 여심과 노각 무침은 잘 어우러졌다.

배롱나무꽃 철없이 분홍빛 미소를 짓는 계절, 노각은 밭에서 맛있게 익어 간다. 배롱나무꽃 아래에서는 철없이 살아도 될 것 같았고, 노각이 익어 가는 텃밭에서는 노련의 각이 아닌 노숙의 각을 담금질하면서 살아야 할 것 같았다.

노각에 깃든 씨앗이 다시 뿌려지면, 시간의 강을 건너 또 다른 오이가 열린다는 것보다 맛있게 먹는 것에 집중한 철없던 시절이었지만 그립다. 바람 소리 빗소리와 태양의 빛이 스민 기다림으로 빚어낸 노각은 여전히 이유 불문하고 좋다.

연성軟性의 노각은 젊어서는 오이이고 늙어서는 노각이라. 누가 명명했는지 노+각은 괜찮은 이름이다. 아니 잘 어울린다는 느낌이다. 내 나름의 老+角, 나이 들면서 잘 익은 각 하나쯤 제대로 갖고 있으면 좋으리라 생각하면서 열심히 살아왔지만, 지금은 바람이 지나는 길에 바라보는 것만으로도 족하다. 한낮의 뜨거운 열기를 새콤하게 버무려 세상의 가려움 치유했던 시간의 바람은 유난히 시원하다.

고향 집 마당에는 주어진 삶을 숙명처럼 생각하면서 세상 불평 따위에는 입을 다문 듯 꽈리나무가 방울토마토 같은 알을 망 속에 키우고 있다. 풋사랑 오이는 노각으로 익어 가면서 한 의무를 이행하고, 노란 오이꽃이 하얀 건반처럼 단단한 씨앗이 되기까지 견뎌낸 생을 생각하면 엄마의 노래인 듯 숙연해진다. 단지 생명은 우주의 축에서 바라보면 멈춤도 흐름도 모두 하나인데 여전히 분주하게 저녁 밥상에 도가 아닌 식을 올리고자 찾는다.

유선자 | 2001년 수필 등단. 제30대 회장. 한국문인협회, 문학의집 회원. 수필집 『풀꽃에 머무는 바람의 노래』. younalarr@hanmail.net

수필

이현실

아득히 먼 이름 금강산

우리는 드디어 휴전선을 넘어갔다. 하마터면 잊어버릴 뻔한 오십육 년 세월이었다. 강원도 고성. 새로 개통된 육로를 따라 쿠션 좋은 관광버스에 편안히 몸을 맡겼다. 인위적으로 그어진 38선, 분단의 경계를 넘어가는 감회가 벅차올랐다.

어느 날 지구촌 한쪽에서는 오랜 세월 철의 장막으로 동서독 사이를 가로막았던 거대한 옹벽이 무너졌다. 한 덩어리의 콘크리트 조각으로 부서져 비로소 소통이 이루어졌을 때 세계는 얼마나 흥분했던가. 하물며 남과 북으로 나누어진 그 오랜 세월 미지의 땅인 휴전선을 넘는 감회가 어찌 남다르지 않으리.

넓은 들판에는 푸른 보리가 바람에 물결치듯 일렁였다. 촉촉한 오월의 보슬비를 맞으며 서 있는 노란 장다리꽃은 더욱 싱그러웠다. 차창 너머에는 인민군 복장을 한 군인들이 붉은 별이 그려진 군모를 쓰고 한 손에 붉은 깃발을 들고 서 있었다. 우리 일행의 시선은 똑같이 북한 땅의 병사를 향했다. 처음으로 마주친 인민군 병사였다. 단절된 수십 년 세월이 주뼛주뼛하며 길을 냈다. 병사를 바라보는 우리 일행과 정면을 주시하고 있는 어린 병사의 표정에도 말 없는 긴장감이 감돌았다.

　가옥의 구조와 형태는 벽돌을 찍어내듯이 한결같았다. 마을의 우체국도 학교 건물도 모두 어두운 회색 기와가 얹어져 있었다. 들판에서 소가 한가로이 풀을 뜯는 풍경은 남과 북 어디에나 볼 수 있는 풍경이었다.

　버스가 계곡의 가운데 길로 들어서자 참꽃나무, 벚나무, 대나무, 상수리나무, 싸리나무 숲길이 보였다. 아름다운 금강산의 일만 이천 봉우리에 제자들을 앉혀 놓고 수련을 했다는 법기보살이 떠올랐다. 금강산의 장엄한 기상과 봉우리마다 서려 있는 위엄으로 보살은 제자들에게 어떤 의미를 깨우쳐 주려 했던 것일까.

　수백 년 전인 조선 시대 때 금강산을 다녀간 유람객들이 너럭바위 위에 많은 이름을 새겨 놓았다. 선인들은 하얀 두루마기 자락 휘날리며 괴나리봇짐을 등에 메고 높고 낮은 산을 몇 날 몇 밤을 걸어갔을까. 혹은 말을 타고 오는 선비도 있었을 것이다. 해 저물기 전에 갈길 서두르며 잠시 국밥집에 앉아 막걸리 사발을 들이키지 않았을까. 맑은 물에 발을 담그고 앉아 늘어진 시조 한 수에 얼쑤! 장단을 맞추며 쥘부채를 펼쳐 드는 선비의 모습. 나는 말없이 어르신들의 함자 위를 손으로 가만히 쓸어 보았다.

　잔잔히 흘러가는 맑은 물에 제 그림자를 드리운 기암괴석이 눈부셨다. 상팔담은 8개의 소沼를 이루고 있다. 비류봉과 옥류봉에서 흘러내리는 물이 상팔담을 지나 구룡폭포로 흘러가는 물줄기는 가히 장관이었다. 물빛은 마치 해초를 맑은 물에서 우려 놓은 듯 고운 비취색이었다.

　남측의 바위와는 다르게 북측의 바위 형상들이 끌이나 징으로 오려 놓은 것처럼 거칠면서도 부드러웠다. 높고 가파른 절벽과 바위의 중앙에 "주체사상 만세" "위대한 수령 김일성 동지 만세!" 또한 김정일을 찬양하는 붉은 글씨가 커다랗게 새겨져 있었다. 그 순간 마음속에서 큰 파도가 치며 관람의 여유와 설렘보다는 슬그머니 긴장감과 불쾌함이 돌았다.

'옥류관'에서 늦은 점심으로 평양냉면을 먹었다. 남측의 냉면은 얼큰한 맛이 특징이라면 평양냉면은 모든 화학조미료를 쓰지 않은 담백한 맛이 느껴졌다.

얼굴이 곱고 상냥한 안내원에게 남편은 으레 하는 인사말로 고마움을 표했다. "우리 아가씨, 정말 예쁘고 친절하네요." 순간 어리둥절한 표정의 북측 안내원이 말했다.

"아니, 선생님. 뎨가 어찌 선생님 가족입네까? 와 우리라고 하십네까?"

행여 남측에서 온 우리가 북측 여성을 모욕이라도 한 듯 안내원은 얼굴을 붉히며 정색을 하는 것이 아닌가. 같은 언어를 쓰는 동포임에도 수십 년간의 단절된 의식 속에서 살아왔기 때문일까. 북측에서는 아가씨란 말은 비속어이고 접대부를 평상어로 생각한다며 우리 쪽 안내원이 슬그머니 귀띔해 주었다.

200년 전 정조 임금 시대의 이옥李鈺은 그의 시집 『리언인俚諺引』에서 "삼십 년이 지나면 세대가 변하고 백 리를 가면 풍속이 같지 않다"라고 했으니 어찌 보면 지극히 당연한지도 모를 일이었다. 느낌이나 표현에서조차 본래 의미와는 다르게 왜곡되는 현실로 인해 무척 당황스러웠다. 결국 내가 북측 여성 안내원의 손을 잡고 웃는 얼굴로 토닥이며 해명을 하고서야 모두 허허 웃으며 돌아섰다.

우리 일행은 다시 예정된 코스인 해금강으로 향하였다. 해변에 우뚝우뚝 솟은 적송들과 하얗게 부서지는 물보라, 은빛으로 반짝이는 백사장은 너무도 환상적이었다. 해금강은 땅 위에서 바다를 바라보는 것보다 배를 타고 바다 한가운데로 나가서 바라보는 것이 더 아름답다고 했던가.

향로봉은 고기잡이 나간 남편의 무사 귀환을 염원하는 아내의 애절한 전설이 깃들어 있는 곳이다. 치술령의 슬픈 망부석 전설도 기억에서 겹쳐 올랐다. 남편을 사무치게 그리워하는 아내의 애절한 사랑 이야기. 문득 앞서가는 남편의 희끗희끗한 반백의 머리에 새삼 눈이 머문다.

일행 중의 할머니 한 분이 자꾸만 손수건으로 흘러내리는 눈물을 닦고 있었다. 그 옛날 갈래머리 시절, 이화학당 출신이었다는 할머니는 6박 7일의 금강산 수학여행을 다녀간 적 있다고 했다. 수십 년 전인 그때나 지금이나 자연은 하나도 변함이 없건만 사상과 이념이 무엇이기에 이다지 더딘 걸음이 되었느냐고 말했다. 순간 나도 눈시울이 뜨거워졌다.

보리는 바람의 크기에 따라 서로의 몸을 비비며 흔들렸다. 삐죽이 올라온 옥수수 잎과 연초록색의 밀밭이 훈풍에 일렁대니 내 마음도 물결을 치는 것 같았다. 사흘간의 일정을 모두 끝내고 돌아가는 차 안에서였다.

"반갑습네다. 반갑습네다. 다시 또 만나요. 반갑습네다."

북측 안내원의 노랫소리가 삼일포 호수의 은물결 되어 잔잔하게 메아리쳤다. 왜 나와 너는 우리가 되지 못하는 현실 속에서 서로의 행복함을 나누어 가지지 못할까. 나의 등 뒤에 어둠의 역사는 흐느끼며 버려진 다른 한쪽의 신발을 찾고 있었다.

이현실 ┃ 2003년 수필 등단. 제31대 회장. 한국농촌문학상, 문화관광부장관상 외 다수 수상. 계간《미래시학》편집주간. 도서출판 지성의 샘 주간. 동작문협 자문위원.《문학 秀》기획위원. 시집 『시의 계단』 외 1권. 수필집 『꿈꾸는 몽당연필』. hyunsilpen@hanmail.net

| 수필 | 조명래 |

신기루를 보았나요

　새벽에 일어나 바쁘게 움직였다. 아부심벨Abu Simbel은 아스완에서 남쪽으로 280km 정도 떨어진 곳에 위치하고 있다. 수단 국경에서 40km의 거리지만 길이 막히면 4시간 이상 걸린다고 한다.
　버스는 누비아Nubia 사막을 가로질러 달렸다. 오른쪽 지평선에 솟아오르는 태양을 보았고, 나일강물을 끌어다가 사막을 옥토로 바꾸는 작업 현장도 보면서 비몽사몽 도착한 곳이 아부심벨이다.
　높이 32m, 폭 38m, 깊이 63m의 거대한 동굴 아부심벨은 고대 이집트 19왕조의 제3대 파라오 람세스 2세가 만든 신전이다. 지금으로부터 무려 3,300년 전의 역사이다. 신전 입구에는 높이 20m에 달하는 자신의 상 4개를 만들어 세웠다. 그 옆 150m 정도 떨어진 곳에 사랑하는 왕비 네페르타리와 사랑과 미의 여신 하토르에게 바치는 소신전을 또 만들었다. 정면에 왕과 왕비, 여신을 표현한 높이 10m의 거상 6개가 나란히 서 있다.
　모래에 묻혀 있었는데 1813년 스위스 탐험가에 의해 발견되었다. 그 후 1960년대 아스완댐이 건설되면서 나세르호의 물에 잠길 위기에 처하게 되자 유네스코를 비롯한 국제 사회가 힘을 합하여 65m 높은 현재의 장소로 옮겼다.

돌아오는 길은 아침에 건너왔던 누비아 사막을 다시 건너가야 한다. 사막 한가운데 어디쯤이었으리라. 눈을 비비면서 보고 또 봐도 꿈이 아닌 현실이었다. 사막의 끝 눈길이 닿는 지점에 호수인지 바다인지 모르지만 물이 출렁거리고 있었다. 누군가의 입에서 "와, 신기루다!" 하는 소리가 나왔다. 1798년 나폴레옹 군사들의 마음도 그랬을 것이다. 이집트 원정에 나섰던 프랑스 군사들은 사막을 행군하면서 매우 지쳤다. 그때 그들에게 야자수가 보이고, 오아시스가 나타났던 것이다. 그러나 아무리 다가가도 접근할 수가 없었다. 야자수나 호수가 거짓이라는 것을 알게 된다. 이들이 맞닥뜨린 기상현상은 바로 신기루였던 것이다. 사막을 탐험하거나 바다에서 길을 잃은 사람들에게 신기루는 그들이 간절히 원하는 것을 보여 준다고 한다. 이를테면 나폴레옹군이 이집트 사막에서 물이 가득한 오아시스를 본 것과 같다. 신기루가 가지고 있는 신비한 이끌림이리라.

어린 시절 햇빛이 강한 봄날 들판에 어른거렸던 아지랑이는 소년의 꿈이었다. 더운 날 가열된 아스팔트 도로를 달릴 때 길 위에 보고는 했던 물웅덩이는 처절한 삶의 현장이었다. 먼 들판의 어른거림이나 달리는 길 위에서 보았던 물웅덩이와 같은 아지랑이를 보며 소년은 꿈을 키웠고 치열한 삶의 현장을 달렸었다.

오늘 3,000년 전의 기록인 아부심벨을 본 후 누비아 사막을 건너는 도중에 내 눈앞에 나타난 신기루는 어떤 의미일까? 지금까지 살아온 삶의 뒷모습일까? 생의 마지막을 향해 치열하게 살아가라는 간절한 메시지일까? 오아시스는 사막의 꽃이요 희망이고 낭만이라 했으니 오늘 본 저 신기루는 꽃이고, 희망이고, 낭만의 전조증상이었으면 좋겠다.

조명래 | 1990년 수필 등단. 경북문학상, 영호남수필문학상 수상. 한국문인협회, 영남수필문학회, 선주문학회 회원. 수필집 『그분은 새벽에 왔다』. mrcho0510@hanmail.net

수필 최희명

사계

봄기운이 느껴지자마자 마당가에 정성 들여 심어 둔 난초들은 비린내를 양분 삼아 쪼로록 꽃망울을 매답니다. 우리는 해당화가 벙그는 방천에 올라 마을의 올망졸망한 배들이 정어리 잡이에 나서는 걸 바라보며 한 끼 건너뛴 입맛을 다십니다. 하루 종일 손질한 빈 그물을 싣고 정어리를 찾아 노을 속으로 떠났던 배들은 다음 날 아침 해가 뜨면 돌아옵니다. 일찌감치 배가 기울게 고기를 가득 잡은 배들은 만선의 표시인 하얀 깃발을 펄럭이며 새벽 여명을 뚫고 뒤뚱뒤뚱 돌아옵니다.

내 친구 해량이 사촌 오빠는 맬배(정어리배) 타는 사람들 중 가장 잘생겼지요. 우리 동네에 한 사람밖에 없는 빈씨 성을 가졌답니다. 그물을 털면서 노래도 잘합니다. 특히 즉석 노랫말을 잘 만들어 불러 늘 기억에 남아 있습니다. 그물에 손이 갈라져도, 만선의 기쁨은 약보다 효험이 좋아 모두들 신바람을 날립니다. 그 신바람에 정어리가 바다로 땅으로 날아가도 박자를 놓치는 법이 없습니다. 그때는 뜻도 모르고 따라 불렀던 후렴구가 '이어도 산아'였는데 지금 생각해 보면 아마도 '돌산'이 해상에서는 제주도와 같은 문화권이라 그런 것 같습니다.

한 줄로 서서 그물을 터는 뒤쪽에는 역시 한 줄로 바짝 붙어 서서 뒤쪽으로 떨어지는 은빛 정어리를 땅에서 수확하는 손들이 있습니다. 어린 아이들이나 노인들입니다. 생선 비늘을 흠뻑 뒤집어쓰고 주운 정어리를 여수에 내다 팔았던 기억이 납니다. 깔그물 양쪽 끝에는 힘 좋은 젊은이들이 손잡이가 기다란 뜰채를 바다에 담그고 깔 그물 밖으로 떨어지는 고기들을 건집니다. 돈벌이가 귀했던 시절의 '입'이란 누구라도, 무슨 일이라도 하게 만듭니다.

한바탕의 비린내가 누렇게 보리밭을 물들이고 떠나면 춘궁기를 극복한 섬사람들은 땅으로 돌아옵니다. 지천으로 자라는 갓을 거두어 김치를 담고 색색으로 익은 콩을 따서 팔기도 하고 먹기도 합니다. 아이들은 통통하게 살이 오른 보리나 밀을 서리해 구워 먹었는데 대부분의 어른들은 알고도 눈감아 주었습니다. '보리 구워 먹었지'라고 물으면 '아니요'해 놓고 집에 와서 거울을 보면 얼굴이 검둥강아지 같았지요, 입 안에서 톡톡 터지던 구운 보리맛이 바로 널찍하고 따순 고향의 맛입니다.

날이 더워지면 새까만 아이들은 알몸으로 바닷가를 누빕니다. 헤엄을 칠 수 있는 아이들은 바다 밑에서 먹을거리를 구하고 그렇지 못한 아이들도 놀지만은 않습니다. 파래를 뜯거나 고둥을 잡아 제 밥벌이를 합니다. 제법 어른 티가 나는 축들은 대나무낚싯대에 갯지렁이를 끼워 망둥어며 어린 농어를 낚아 와 저녁거리를 만듭니다. 요즘 아이들은 절대로 경험할 수 없는 현장 학습인 셈이지요. 냄비 가득 야채나 화려한 양념을 하지 않아도 싱싱함 자체에서 우러나던 그 맛도 고향의 맛입니다.

여자아이들은 바닷물 속에서 놀다가 엄마들이 다 못 팔고 되가져 온 물 간 생선을 미끼로 돌게를 잡습니다. 한 자 정도 되는 굵은 실의 양끝에 미끼와 나무토막을 묶어 물에 넣으면 나무토막은 뜨고 생선토막은 매달려 있지요. 한낮을 늘 더불어 살아서인지 돌게들은 아무런 거리낌 없이 미끼를 뭅니다. 해거름이 되면 작은 그물망이 제법 묵직해집니다. 생선 한 토막으로 십여 마리의 게를 잡은 날은 보리 위에 쌀이 조금 더 많이 섞인 저녁밥을 먹고 자랑스럽게 게트림을 했습니다.

방천의 해당화가 지면 여름이 가고 온 섬의 주인공은 고구마가 됩니다. 여름내 보리밥에 물린 아이들은 고구마 밭에서 삽니다. 밭이 있는 집의 아이들은 밭일을 돕고 가난한 아이들은 이삭을 줍습니다. 보리 이삭을 줍던 손에 고구마 이삭은 누워서 떡먹기입니다. 어쩌다 온전히 남아 있는 아이 팔뚝만 한 걸 주우면 웃음을 빈 밭고랑마다 줄줄 흘리고 다녔지요. 고구마 붉은 빛깔에도 고향은 서려 있습니다.

수수는 참 귀한 식물입니다. 키가 커서 가을날 수확의 표본이 되기도 하지만 껍질째 쪄 먹으면 그 색깔부터가 입맛을 돋우지요. 군입거리가 귀해서 여름날 입술을 베어 가면 꺾어 먹곤 하던 수숫대는 수확이 끝난 후에도 요긴하게 쓰입니다. 대처에서 나락을 거두듯 섬사람들은 고구마를 거두는데 고구마는 수분이 많아 잘 얼기 때문에 방 안에 저장합니다. 수숫대는 고구마 뒤주를 만드는데 공훈을 세웁니다. 나무는 비싼데다 공기도 통하지 않아 고구마가 썩기 쉬운데 수숫대발은 사람과 고구마 사이에서 있는 듯 없는 듯 역할을 다합니다. 봄까지 고구마를 껴안고 지내다가 마지막에는 아궁이 속에서 열로 승화하니 그 아니 숭고합니까. 수수가 익는 마을은 복 받은 마을입니다.

고구마가 방을 거의 차지하고 몇 뼘 남은 아랫목에 끼어 누워 친구와 라디오 연속극을 들으며 울고 웃던 시절이 있었습니다. 남는 고구마는 깨끗이 씻은 후 얇게 썰어 말려서 보관합니다. 새마을 노래가 울려 퍼지는 슬레이트 지붕에 널어 두면 가을 햇살에 조롱박처럼 잘 말랐습니다. 출출할 때 동부콩과 함께 끓여 먹으면 간식도 되고 궁할 때는 주식도 되었지요. 먹을 게 넘치는 이 시대, 그러나 정으로 키우고 정으로 나누던 그 가난한 음식은 그리움입니다.

겨울은 뭍이나 바다나 한가지로 잠잠합니다. 그 잠잠함을 못 견디는 사람들은 술을 마시거나 노름을 하다가 싸움을 벌이기도 합니다. 우리 집 돌담은 겨울을 날 때마다 키가 작아집니다. 애나 어른이나 싸울 때는 돌을 사용하기 때문입니다. 여름에 대접받던 뱃사람들은 겨울에 '뱃놈'

으로 전락합니다. 집집이 뱃사람인 섬이라 두 집 건너 한집은 '뱃놈' 이 됩니다. 빈 바다를 바라보느니 쓴 술을 씹는 것이었겠지요. 그러거나 말거나 아이들은 자연을 찾아 그 속에서 더불어 자랐습니다. 잠자는 겨울 바다 위에서 해초를 건져먹고 화톳불 옆에서 동생을 업은 채 고무줄놀이를 했습니다. 우리들의 놀이는 언제나 노동을 동반했는데 그 경험은 지금도 삶에서 시간을 유용하게 쓰는 버릇으로 남아 있습니다.

 해당화가 피고 지는 섬마을 사람들은 섬에서 나는 보리, 감자, 고구마를 먹으며 한해를 삽니다. 펄펄 뛰는 해산물은 보너스인 셈이지요. 배고픈 입에는 보리밥에 고구마를 섞어 먹어도 맛있고 갓 줄기나 솔 꽃에서도 단맛을 찾아냈지요. 요즘 사람들이 고가로 사서 먹는 다이어트 식품이나 웰빙 식품이 우리의 주식이었습니다. 또한 자투리 천을 모아 인형 옷을 만들고 싸리나무를 엮어서 빗자루를 만들던 우리들은 지금도 습관적인 녹색생활을 하고 있으니 자연은 우리에게 얼마나 많은 선물을 한 걸까요. 시간을 거슬러 열두 살 소녀가 되어 고향 마을에서 사계절을 살고 옵니다.

최희명 | 2006년 수필 등단. 전북도민일보 신춘문예 당선. 웅진문학상 수상. 시집 『밥차리미 시인의 가을』, 『청소골 편지』. 수필집 『간 맞추기』. 소설 『도시의 양지』

희곡

김홍익
서영칠

희곡 김홍익

철거민들

철거촌 구석지게 자리 잡은 허름한 판잣집이 극의 중심이다.

집 마당으로는 평상 하나 놓여 있고 김노인은 그 옆에서 무언가를 만드는 듯 톱으로 자르고 붙이는 작업 중이다. 대문도 활짝 열려 있고, 그 대문으로 공여사가 등장한다.

공여사 아니 왜 문을 다 열어 놨데 도둑 들면 어쩔라구…. 가만 김씨가 어딨나….
김노인 (평상 너머로 고개 빼꼼 들며 침침한 눈을 게슴치레 떠서 보더니) 공여사 아니우?
공여사 여기 계셨구만. 아무 소리두 없길래. 내 어디 나간 줄 알았지.
김노인 내 이, 톱소리 못 들었수?
공여사 나이가 먹다보니 가는 귀가 돼 버려서… 보청기를 하나 사서 껴 봤는데 제일 싼놈이라 그런지 잘 안 들려.
김노인 글쎄 내 말대로 만식이한테 부탁해서 하나 맞춰 달라고 하라니까. 그놈 그럭저럭 잘 번데며?

공여사 누가 그러우? 잘 번다고…. 걔도 걔대로 쓸 일이 많지…. 지 자석들 핵교 보내랴 세금 내랴 가스비 내랴 수도세 내랴….
김노인 그럴 돈 있으면서 보청기 살 돈은 없다구? 허이구… 차라리 과자 사먹을 돈 없다는 게 믿기겠네.
공여사 그래도 우리 만식이 이래뵈도 대견한 애요. 초등학교 중학교 고등학교 대학교 전부다 장학금 타고 다닌 이 나라에 얼마나 되것수…. 그것만 생각해면 자다가도 춤이 절루 나오지.
김노인 후후후…. 잘난 아들 둬서 아주 잘나셨구만. 어디 자식 없는 사람 서러워 살것나….
공여사 노망났수? 그럼 용식이는 김씨 자식 아니면 누구 자식이우?
김노인 집에 전화 한 통 안 넣는 놈이 자식은 무슨 노무 자식! 애비가 이렇게 힘들게 살고 있는데…. 단 한 번 지 엄마 기일 빼고는 코빼기도 안 보여…. 변변한 선물도 사올 생각 안 해. 그러니 무자식 상팔자라는 말이 괜히 나올 리가 없지.
공여사 세월이 서분해서 그런 거겠지…. 너무 뭐라 하지는 마쇼. 없는 형편에 너무 큰 걸 개대하는 것두 주책이요.
김노인 내가 뭐 큰걸 바라는 거 같소? 내 나이 두 달 지나믄 앞대가리 바뀌어서 80이야. 그런 노인네한테 진짜 필요한게 뭐겠어? 비싼 옷이 필요하겠어? 돈이 필요하나? 아니거든 그런 거라면 솔찬히 많아 탈이지.
공여사 아니 그러믄 무슨 원이 있어서 성을 내는 거요?
김노인 박카스…. 25개짜리 든거 한 박스만 가져와도 삼각산이랑 두둥실 춤이라두 춰주지.
공여사 육사 선생 나셨구만…. 정 그렇게 외로우시면은 근처 마을 회관이라두 가서 고스톱이라두 치시구랴.
김노인 고스톱은 무슨…. 집 안 공사하기에도 바쁘구만…. 근데 여기는 뭐하러 온 거요?

공여사 아이고…. 내 정신 좀 봐라. 소식 하나 전해 주러 왔다가 잊어버렸네.

김노인 소식?

공여사 저 아랫마을 쪽에 지금 데모하고 있다구 말해 주러 온거요. 주주들이 협의도 없이 철거 일자를 당겼다지 뭐유. 사람 가지구들 장난치는 것두 아니고….

김노인 (시큰둥) 그래…? 안 됐네….

공여사 뭐요….

김노인 뭐라니? 뭐가?

공여사 왜 이렇게 반응이 미지근하냐 뭐 이 말이지요.

김노인 여사님 말하는 거에 나도 꼭 데모에 참여해 달라 이래 청이 들어 있는 거 같구만….

공여사 아따 돗자리 펴도 되것소. 허허…. 두말 할 것도 없겠구만. 어째 같이 참여할 거유?

김노인 내가 거길? 후후…. 됐네 이 사람아. 나 같은 노인네가 가봤자 뭐가 되겠나. 게다가 난 그런 시끄러운 거엔 관심도 없으니, 공여사나 알아서 일 보게.

공여사 김씨가 오해를 허고 있는데…. 요즘 애들은 옛날 맹키로 무섭게 안허요. 평화다 뭐다 해서 마스크 쓰고 침묵 시위를 하지. 돌멩이 던지고 각목으로 때리는 거는 다 5공화국 시절에 끝을 맺었지라….

김노인 할멈은 어떻게 그런 거를 잘 안데?

공여사 아따…. 우리 만식이가 호남의 아들 아니여…. 호남의 아들, 두말 안 해도 알것지요.

김노인 호남이건 영남이건…. 시끄럽든 조용하든 여하튼 난 그런 거에 관심 없네.

공여사 아따 고집하고는…. 지금이사 아무리 시상 좋아졌다고 하지마

는…. 돈이 없단 이유만으로 힘이 없단 이유만으로 죄없이 쫓겨
나는 게 또 지금 시상이유.

김노인   그것두 살날이 구만리 같은 사람들이나 하는 소리지…. 우리 같
은 노인네 집 없어진다구 누가 알아주겠어?

공여사   김씨….

김노인   일없네. 사람 바빠 죽겠구만….

공여사   아니…. 무슨 공사를 하길래 이렇게 요란질이요?

김노인   아…. 저 안방 천장에 물이 새놔서 덧떼어 놓으려구….

공여사   어짜피 뽀사질 집 뭣 한다고 힘을 들여요!

김노인   순간 멈칫한다.

  맞는 말이다.

김노인   …….

공여사   거 보슈. 괜히 마음에 없는 소리들랑 허질 말고…. 조만간 복칠
이네 앞에서 모입시다. 우리 같은 사람들은 거기 따로 모여서…
뭔가를 한다고 하니까.

김노인   …….

공여사   아, 왜 말이 없어요?

김노인   내가 갑자기 바보 같아서…. 병신 같아서….

공여사   그건 또 무슨 말이우?

김노인   남들 다 집 무너진다고 요동 법석을 떠는데…. 나 혼자 세월아
내월아 하며 저 낡아 빠진 집 천장이나 문데길 생각만 하니….
이런게 병신짓 아니면 뭐겠소?

공여사   호호호…. 오메 그새 마음이 바뀌어분 거여? 아 잘됐네. 그라문
내 지금 당장 가서 시위복인가 하나 가져올 테니께 좀만 기다리
쇼….

김노인   시위한다는 게 아녀….

공여사   …….

김노인   용식이헌티 전화 좀 걸어야겠소. 늙어서 자식한테 기대는 게 그리 큰 흉도 아니고….

공여사   허이구… 호로자속이라구 욕할 땐 언제구….

김노인   내가 언제 호로자속이라구까지 했는가! 아무리 못난 자식이지마는 그런 험한 말 쓸 정도로 못난 놈은 아니네!

공여사   알았슈…. 괜히 또 성을 내불고 그런데….

김노인   지 자식 욕하는데 성 안 날 사람 어딨어?

공여사   알았소. 알았소…. 미안허요.

김노인   일 없네. 자네가 뭐라 지껄이든 용식이는 내 자식이여. 왕래가 뜸하지마는 부모 버릴 정도로 비정하지 않은 놈이여.

　　　　그때, 시위복을 입은 윤복칠 여사 등장한다.

윤복칠   (마당에 들어서며) 어딨는가 했더니만…. 공씨, 여기서 뭐하는 거유?

김노인   남의 집 들어올 땐 좀 기색이라도 하는 게 경우 아닌감?

윤복칠   미안허요…. 내 지금 조께 바빠서 깜빡했수다.

공여사   아이구…. 복칠이네 무슨 일이여…? 뭐 잘 안돼가?

윤복칠   잉…. 잘 잘 되구 안 되구는 잘 모르겠고… 쪼께 일이 심각해질 것 같구먼….

공여사   심각해지다니….

윤복칠   지금 경찰들이고 용역들이고 다 와가지구, 큰 길목 하나를 막고 섰는데…. 몽둥이 들고 있는 뽄새가 까딱하면 다 조질려 그러는 거 같더라구….

공여사   오메, 이 사람들이 뭔 죄를 저질렀다고…. 그런 지랄들을 해 싼데? 잉…. 나가 이런 상황에서 요라면 안돼것구만…. 복칠 씨, 나도 좀 가봐야 쓰것소 (대문 밖으로 나가려 하는데)
윤복칠 (가로막고 말리며) 안돼야. 안돼야. 우리겉이 체력 약한 노인네는 낄 자리가 아니더구만….

복칠, 기겁하는 얼굴로 몸에 걸친 시위복을 재빨리 벗어 버린다.

공여사 그게 그럴 정도여? 아, 설마 노인네들 있는데서 몽둥이질 같은걸 허겠소? 그럼 그게 개지 경찰인가….
윤복칠 것두 모르지…. 막말로 자식들이 부모도 버리는 세상에서 생판 남남인 그놈들이 무슨 짓을 할지 어떻게 알겠어?
김노인 ……. (복칠에게 신경이 간다.)
윤복칠 확성기로다가 빨리 집에 돌아가라고 소래기를 치는데…. 꼭 마치 건들면 죽이겠다 이런 투로 얘길 허드라고…. 여하튼 말년에 험한 꼴 보기 싫으면 그냥 잠잠히 있어.
공여사 하이구 그럼 이걸 어쩐댜…. 아랫집 애기 엄마도 지금 거기 있지 않어?
윤복칠 지금이사…. 집으로 갔제. 애기 저녁은 해멕여야 하니께….
공여사 잉…. 다행이구먼….
김노인 거 봐. 내 요런꼴 날 줄 알았지. 그놈들이 얼매나 억센 놈들인데…. 우리같이 힘없는 처지들은 함부로 날뛰어 봤자 파리 목숨밖에 더 되겠어? 늙은 사람들은 그저 나처럼 자식 기대며 살 궁리부터 해야 돼….
윤복칠 (발끈해서) 그… 자식들이…. 지금 저그서 목숨 걸고 싸우는 거 안 보이나 봐요? 잉? 아들 자식 서울 산다고…. 우리들은 눈에 들어오지도 않죠? 사람 그렇게 살면 안 돼지라…. 아무리 죽을 때가 다 돼았다 그래도…. 지 고향 땅을 이래 내팽겨쳐불라하는 거는 도리가 아니지라!
공여사 아유…. 또 왜그려….
윤복칠 아니, 말하는 뽄세가 영 글렀잖여! 남들은 뭐 한가해서 저렇구 있는 줄 아쇼? 아니, 왜 저러는지 생각도 안 해봤지? 지만 살기 바빠가지구 서리….
김노인 (같잖다는 듯) 아유…. 그래…. 잘났네 잘났어. 안즉도 저렇게 부모 속썩이는 놈들도 지 새끼다 이거지? 후후후후후…. 참 나…. 시위 같은 거 백날 해봐라 얻어터지기나 하지…. 참 부모 속 편안히 해주겠네. 그려. 허허허허허허.

윤복칠, 화가 머리 끝까지 난다.

윤복칠 저눔의 영감탱이 주둥이를 화악.
공여사 (날뛰는 복칠을 부여잡고) 그만혀! 좀 그만혀!
김노인 괜히 지 성질에 못 이겨서는….
윤복칠 뭐시여! 야이 썩을 놈의 영감탱이야, 나랑 한판 해보자는 거지 지금 어! 일루와, 일루와!
김노인 내가 왜 가, 이 할망구야! 그렇게 성낼 시간이면 집에 가서 밥이라도 하겠다.
공여사 김씨두 이제 그만해요 좀!
윤복칠 그리고 남은 인생 얼매나 잘사는지 함 두고 봅시다! 전화두 한 통 없는 자석이 당신을 퍽두 받아주겠네….

김노인 아무런 대꾸도 않고 능글능글 웃으며….

김노인 아이구. 그래요, 무서워 죽겠다. 자식이 나 버리면 어쩌려나….

그때, 밖에서 들려오는 비명 소리…. 몽둥이 소리…. 모두 일순간 정적 된다.

윤복칠 시방 요게 뭔 소리다냐….
공여사 거시기…. 그니까…. 지금 다 패조져 불고 있는 거 같은디….
윤복칠 (상황의 심각성을 온몸으로 실감한듯) 어미… 으미… 저… 저가… 우리 경석이… 있을 거인디…. 아이고… 아이고… 이… 이 걸 우짜쓰까이 우리 경석이…. 아무 잘못 없는 우리 경석이…. 이걸 어쩌냔 말이오. 이걸….

복칠, 결국 힘없이 주저앉아 버린다.

공여사 윤씨, 일단 일어나 봐…. 여기 이렇게 주저앉는다고 뭐가 되겄는가…. 일단 좀 일어나 보소. (그러다 공여사도 덩달아 가슴이 미어지고) 하이고…. 이 썩을 놈의 나라…. 진짜 이냥반이 무슨 죄를 지었다고…. 하늘도 무심하시지….

김노인도 조금은 안쓰러운….

윤복칠 (이내, 진정한 듯 애써 기운차리며) 내… 내 여서 이럴 수는 없소. 죄 없는 사람 몽뎅이 찜질해대는 저 몰지각한 노무 새끼들…. 내가 다 혼내 줄 거여…. 혼내 줄 거여….

씩씩대는 숨결로 바닥에 떨구어진 시위복을 집는다.

윤복칠 (공여사의 부축을 받고 일어나며) 공씨, 공씨도 내 좀 도와주면 안 돼겄는가?

희곡 | 김홍익 235

계속 되는 비명 소리에 하얗게 질리는….

공여사   그… 그것은… 좀….
윤복칠   …….
공여사   …….
김노인   그려….

복칠, 김노인을 날카롭게 쏘아본다.

김노인   솔직히 우리 같은 노인네들 가서 소래기 쳐 봤자 오는 건 몽둥이 질뿐이겠지…. 언저 저놈들이 우리 말을 들어준 적이나 있었는가? 배부른 놈이 더한다고…. 없는 사람들 쥐 패물면서 얻은 돈 뭉치에 퍼져 누울 것들 상대해 봤자, 우리만 더 골치 아파지는 건 당연한 거 아닌가?
윤복칠   그것두 배부른 소리지요!
윤복칠   아무리 죽어 없어질 몸이라지만…. 김씨 자식이 저기 있다고 생각해봐요. 그러면 그 소리가 함부로 나오겠소?
김노인   …….

가만히 빠져서 둘의 이야기를 듣고 있던….

공여사   윤씨가 백번 맞는 소리하는 거요. (김노인에게) 우리 아덜만 자식이던가? 옆집 사는 동규도 자식이고, 맨날 소금 지게 지고 동네방네 쏘다니던 호성이도 자식이고, 저 밑집 염색소 딸 지순이도 자식이고, 여기 수십 년 살며 보고 지내던 모든 애들이…. 그렇게 정들여 가며 밥두 해먹이고 하던 그런 애들이…. 저 밑에서 죄도 없이 온갖 매를 혼자서 다 맞고 있는데…. 그걸 그냥 지켜

볼 수는 없지요! 암, 부모가 되어서 그럴 수는 없지요!

복칠, 눈물 나오려고 한다.

윤복칠 공씨….
공여사 (김노인에게) 김씨는 어쩨… 마음은 그대로지라?
윤복칠 (아까와는 전혀 다른 태도로) 김씨 내 아까 잘못했소…. 잉? 나가 좀 흥분을 혀서…. 그랬던거니게 우리 좀 도와주시구랴….

마음의 갈등을 겪고 있는 김노인 격렬한 시위 소리에 혼돈을 자아낸다.

윤복칠 김씨, 좀 말 좀 혀봐요! 좀!
김노인 미안하네, 미안하네…. 뭐라 할 말이 없네.
공여사 끝난거지라?
김노인 …….
공여사 김씨, 행여 용식이한테 아무런 소식 없으믄…. 우리 원망만은 하지 마시오. 그것두 다 김씨가 선택한 운명이니께….
김노인 내가… 선택한…. 그려. 일들 보러 가봐….

공여사, 복칠을 부축이며 밖으로 나간다.
홀로 남은 김노인, 적막해지는 무대.
김노인, 천천히 자리에서 일어난다.
전화기 쪽으로 간다. 용식한테 전화를 건다.
잠시 진동음. 조금 한참 울리더니 덜컥 소리와 함께….

용식 여보세요?

김노인   (반색하며) 어, 그래 용식이냐? 애비다.
용식   아… 네… 아버지, 어쩐 일이세요?
김노인   어쩐 일은…. 그냥 잘 지내나 궁금해서 전화해 봤다.
용식   그냥 그럭저럭요.
김노인   저기… 용식아 며느리하구 애들은 잘 지내지?
용식   예….
김노인   잉…. 다행이구만. 내… 조만간에 한번 올라가마….
용식   네? (조금 당황스러운 듯한)
김노인   너네 엄마 기일 날 빼고는 한번두 못봤잖어. 바쁘다구 내려오지도 못하니까. 내가 한번 올라가야지….
용식   그게… 좀….
김노인   왜 그러냐?
용식   요즘 일 때문에 제가 바빠서요.
김노인   아니 며느리하구 애들하구 있으면 되지….
용식   마누라도 애들도 요즘 다 바빠요. 죄송한데 다음에 오시면 안 될까요?
김노인   (시무룩해져서) 그, 그러냐…. 알았다 응, 그래…. 피곤할 텐데 잘 쉬고…. 다음에 만나자. 그래….

　　　　전화 끊는다.
　　　　초연한 한숨 소리. 후….

김노인   (애써 호기 있게 보이려는 듯 홀로 독백) 우리 아들놈 정도 되는 애도 세상에 몇 안 될 거야. 요즘 같은 세상엔 부모도 버린다는데 이것 봐…. 자기 바쁘다고 다음에 오라잖아. 오지 말라는 게 아니구…. 지금은 바쁘니까 다음에 오라잖아…. 분명 나를 보고 싶은 거겠지 그런 거겠지…. 후후후후후…. 망할 놈의 할망구들

어디 백날 그렇게 소리를 쳐 봐라…. 우리 같은 자식 없는 걸 후회하다 죽을 걸? 하하하하하하하하하하하하하….

김노인을 맡은 배우는 자식 자랑에 대한 애드리브를 계속 이끌어 내며…. 무대가 어둠으로 잠식될 때까지 유지한다.
그리고 암전 되면 엔딩곡과 함께….

—막

김홍익 | 2019년 희곡 등단

희곡 서영칠

동해별신굿

등장인물
당골네, 화랭이, 순옥, 만수, 이장, 구판장댁, 경식, 어촌계장, 영덕고모, 사모님, 김씨, 최씨, 그밖에 사람들

때
현대

무대
동해안 작은 어촌 마을

　왼쪽 무대에 구판장 집이 있다. 마당에 평상이 놓여 있고, 빨랫줄에 낡은 옷가지가 바람에 펄럭인다. 중앙에 용바위가 삐죽 나와 있고, 조금 높은 곳에 골매기성황당이 있다. 오른쪽 무대에 낡고 초라한 당골네 집이 있다. 가물거리는 불빛이 방에서 새나온다.

　무대 밝아 오면 새벽녘이다. 고기잡이 나갔던 일행이 시끌벅적하

게 등장한다.

만수   이장님요! 이거…. 날이 갈수록 고기 잡는 게 힘든 거 같심더.
이장   인자, 고기가 약아서 그런지, 아이면 아예 씨가 말라서 그런지 모리겠데이.
만수   (화랭이를 가리키며) 행님요! 구판장에서 속이나 풀고 가입시더.
화랭   아, 아이다. 만수 동생이 이장님 모시고 속 쫌 풀고 온나.
이장   마, 그라지 말고…. 같이 가재이!
화랭   이장님요! 집에 당골네가 몸이 쫌 아푸니더.
이장   뭐! 당골네가 몸이 아푸다꼬?
화랭   (당황하며) 아, 아입니더. 고뿔이시더…. 그라면 지는 고마 가 볼라니더!

    화랭이는 서둘러서 인사하고 퇴장한다.

만수   이장님요! 화랭이 행님도 참말로 안 됐심더.
이장   맞데이, 한때는 동해안 천리에서 이름을 안 날렸나.
만수   아무래도 세상을 잘 몬 만난 거 같심더.
이장   하머, 나도 그래 생각한데이.

    이때, 구판장댁이 하품을 물고 나온다.

구판   하머! 고기잡아 왔능교?
만수   (망태기를 주며) 이거 경식이하고 반찬이나 해 잡수이소!
이장   참! 경식이 가아는 테레비에 나온다고 안 했나?
만수   그, 개그 지망생 꿈은 접은 모양이시더.
구판   예! 맞심더. 인자 정신 차리고 장가 들어가, 내하고 여서 산다꼬

했니더.
만수 아! 색시는 있다고 하등교?
구판 하머요. 곧 델꼬 온다니더. 그 대신 맘에 안 든다고 타박은 말라니더.
만수 색시가 여기 어촌 구석까지 따라온다는데, 타박은 무신 타박인교!
구판 맞니더. 우야든지 며눌님을 받들고 살아야제. 호호호
만수 이장님요! 우리 마실에 모처럼 경사가 났심더.
이장 하머, 하머! (주위를 보며) 그런데…. 경식이는 시방 어디에 있능교?
구판 식전부터, 저기 갯바위로 낚시 갔십니더.

  이장과 만수가 평상에 걸터앉자, 구판장댁은 얼른 술상을 내놓고 들어간다.

만수 음, (정색하고) 흠…. 이장님요!
이장 갑자기 니 오늘 와이라노! 자네답지 않게 정색을 다하고?
만수 저…. 아무래도, 지가 갖고 있는 배를 팔아야겠심더.
이장 뭐! 고기잡는 배를 판다꼬!
만수 암만 생각을 해봐도 배를 팔아야겠심더.
이장 어허, 이 사람아! 갯가 사람은 선주가 되는 게 꿈 아이가?
만수 작은 통통배 하나 갖고 있는데, 선주는 무신 선중교?
이장 그리 쉽게 생각할 일이 아이다. 마 농담으로 듣겠데이!
만수 지는 끝까지 바다를 지킬라꼬 했지만…. 인자, 영 자신이 없심더.
이장 (한숨 쉬며) 하기사! 고기잡이 나가도 기름값도 몬하이, 이 일을 우야믄 존노.

구판장댁이 해장국을 가지고 다시 나온다.

구판　(다가와 앉으며) 식전 댓바람에 무신 야그를 그리 심각하게 하능교?
만수　아, 아입니더. 심각하기는요. (둘러대며) 화, 화랭이 형님 야그 쫌 했심더.
이장　아! 그래 맞다. 화랭이, 참 안됐제. 자기 동네 별신굿은 몬하고….
구판　이장님요! 우리 마실은 도대체 언제 별신굿을 하능교?
이장　…….
구판　별신굿을 몬하니까, 자꾸 마실이 쪼그라드는 거 같니더?
만수　거 말도 안 되는 소리 치우소, 마.
구판　아이시더, 성황할배 모신 지가 벌써 이십 년이 다 되어 가니더….
이장　참, (상상하며) 그때가 좋았제…. 별신굿이 열리면 객지에 나갔던 고향 사람들이 다 돌아오고…. 굿이 끝나는 날까지, 온 동네 사람이 모두 한솥밥을 묵었제, 다 같이 어울려가 노래도 하고 춤도 추고….

이때, 경식이 낚싯대를 들고 급하게 뛰어 들어온다.

경식　저, 저기 고골매기신당이 있는…. 요용바위에 이상한 시 시체가 떠 있심더.
만수　니…. 그거 참말이가?
경식　네. 차마 눈뜨고 몬 보겠심더.
이장　야, 야…. 여기서 이럴 게 아니다. 퍼뜩 앞장서거라!

이장과 만수가 윽박지르자, 경식이 난감해하다가 앞장을 선다.
암전.

희곡 | 서영칠　243

무대 밝아 오면 당골네 집에서 불빛이 새어 나온다. 화랭이와 당골네가 병풍 앞에서 장구와 꽹과리를 친다. 순옥이 푸너리춤을 추면서 창을 한다.

(창唱으로)
순옥   (화랭이를 보고) 원 저런… 몬 실 놈!
화랭   동네도 펑케하고 어업하는 데도 눈이 밝아야 조타니더.

순옥은 바가지의 물을 눈에 찍어 바르는 시늉을 한다.
화랭이는 빠른 장단으로 장구를 치면서 상황에 맞게 중얼거린다.

(말로)
순옥   아이고, 내 눈뜬다! 내 눈이….

순옥은 눈을 번쩍 뜨고는, 눈이 부시다는 시늉을 하면서 주위를 빙 둘러본다.
당골네는 만족한 듯, 요란하게 꽹과리를 친다.

당골   옥이 니! 어제보다 훨씬 감정 좋데이.
순옥   참말 인교?
당골   니는 내보다 훨씬…. 빨리 당주무당이 될 것 같데이.
화랭   마지막에 아이고 하는…. 그 부분에 쫌 더 감정 잡아바래이?
순옥   (과장해서) 아이고! 내 눈뜬다! 내 눈이…. 어떤교?
화랭   그래 쫌 더 연습해라! 그라면 인자 니가 좋아하는 놀음굿으로 가보재이.
당골   놀음굿은 뭐니 뭐니 해도…. 손님 마음을 훔쳐야 한데이.
화랭   참! 느그 고모가, 이번 영덕 놀음굿거리는 니한테 맡긴단다.

순옥   참말인교! (반색하며) 그라면 퍼뜩 한 번 해볼라니더.

　　이때, 밖에서 만수가 부른다.

소리   행님요! 지금 용바위 밑에 사람 시체가 떠 있심더.
화랭   뭐! 시 시체가 용바위 밑에 있다꼬?
당골   아이고! 이 일을 우야꼬. 골매기성황님이 크게 노하시겠심더.
화랭   (당골네를 보며) 그라면 내 퍼뜩 댕겨올라니더!

　　화랭이, 바삐 외투를 입고 나간다.

순옥   어무이요, 오늘 그만 연습하시더!
당골   오야! 내 몸도 아푸고, 마 느거 아부지도 없는데…. 고마 쉬자. (표정을 살피며) 참, 니… 경식이 어무이한테 결혼 승낙을 받는다꼬 안 했나?
순옥   경식이 어무이는 아직도 우리가 결혼할 사이인 줄 모리는 것 같더라.
당골   그라지 말고, 퍼뜩 찾아가서 결혼 승낙부터 받거래이!
순옥   그래야제! 근데 어무이는 요즘 어디 아푸나?
당골   웬 식은땀이 이리 많이 나는지…. 옥아! 구판장에 가서 진통제 쫌 사오느라!
순옥   네, 어무이!

　　당골네 집에서 순옥이 걸어 나오고, 맞은편에서 걸어오던 경식과 마주친다.

순옥   깜짝이야!

경식   지금 니, 어디 가는 길이고?
순옥   어딜 가기는 오빠야 집엘 가지!
경식   와! 이 오빠야 때문이가…?
순옥   아이다 약 사러 간다. 진통제 말이다!
경식   이거 말이가?

　　순옥이 흠칫 놀란다.

경식   놀라기는 옥이가 내게 이런 신통력을 안 줬나.
순옥   그게 뭔 말이고 오빠야!
경식   옥이 하고 몇 년을 같이 지냈는데, 이 정도쯤이야!
순옥   오빠야 참말이가…?
경식   와, 참말로 좋아하는 사람이 생기면 텔레파시가 나온다고 카더라.
순옥   우와, 오늘따라 참말로 오빠야가 멋있다!
경식   그라면 (눈을 감는다) 자, 여기 있는 이 약 꺼내 가라….

　　순옥은 경식의 약을 꺼내려고 하자, 경식은 순옥을 덥석 껴안는다.

경식   (천천히 놓아 주며) 니 단디 들어래이. 사실 (사이) 그 약은 느그 아부지가….
순옥   우리 아부지가 어쨌는데?
경식   우리 집에 와서…. 이 약 느그 집에 갖다 주라꼬 나한테 심부름시켰다.
순옥   뭐야! 순 엉터리! 또 개그야…?
경식   그라이 세상 모든 게…. 다 개그, 개그 아이가! 하하하.

경식은 도망가면서 약 올린다. 순옥은 도망치는 경식을 따라간다. 암전.

무대 밝아 오면, 경식과 순옥이 구판장댁에 들어선다.

경식   어무이요! 안으로 쫌 들어가시더. 할 야그 있니더.
구판   야야, 방에 누룩 떠어났데이. 마, 할 야그 있으믄 여서 하그래이!
순옥   (경식이 순옥의 옆구리를 찌른다) 어, 어무이요 절 받으시소!
구판   야야! 느그 갑자기 와 이라노?
경식   에이 어무이도…. 눈치를 챘으면서요!
구판   그게 무신 말이고…?
경식   저…. 순옥이 하고 결혼할라꼬요.
구판   허이고. 야가…. (정색하고) 백 낮에 귀신 씨나락 까먹는 소리하고 자빠졌네!
경식   무신 말을 그래하능교?
구판   그라믄 지난번에 참한 색시 델꼬 온다는 아아가, 순옥이란 말이가?
순옥   어무이요! 지가 잘 모실께요.
구판   야가, 와이라노! 징그럽꾸로….
경식   그라믄 어무이는…. 우리 결혼을 반대한다는 말인교?
구판   마, 나는 느그가 시방같이 이웃에 남매지간으로 지냈으면 좋겠다.
경식   어무이요! 지금 무신 말을 그래 하능교?
구판   혼사란, 그래 쉬운 게 아이다.

순옥은 얼굴을 감싸고 뛰쳐나가자, 경식은 순옥을 달래러 뒤따라간다.

구판   (혼자말로) 허구 많은 사람 중에, 하필이면 무당집 딸…. 쯧쯧.

    이때 용바위 쪽에서 만수와 화랭이가 등장한다.

만수   행님요. 아무래도 안 될 것 같아서 배를 팔았심더.
화랭   뭐…! 참말로 배를 팔았다꼬?
만수   다 생각해 놓은 게 있심더.
화랭   그게 뭔데?
만수   동네 어른을 위해 상조사업을 해볼라꼬요.
화랭   상조사업…?
만수   행님이 쫌 도와주이소?
화랭   내가 뭐…?
만수   지역에서 유명한 행님이 상조에 가입했다꼬 이름을 쫌 팔겠심더.
화랭   그거야 뭐… 만수 동생 생각대로 하시게!
만수   고 고맙심더! 참말로…. 고맙심더. (구판장댁을 향해) 아지매~ 아지매요!

    구판장댁이 선물 꾸러미를 만수에게 갖다 준다.

만수   이거는 내가 주는 게 아이고, 상조회사에서 주는 선물이시더.
화랭   오오야! 알았다. 그라믄 꼭 성공하거래이.
구판   (끼어들며) 옥이 아부지요!
화랭   와요?
구판   옥이가…. 뭔 말 안 하든교?
화랭   별말이 없든데요. 와요?
구판   (표정을 바꾸며) 아! 아이시더…. 마, 됐니더.

이때 의료진이 들것에 시체를 들고 지나간다. 모두가 이 광경을 바라본다. 암전.

무대 위에 스모그가 새벽안개를 연상하게 한다. 순옥과 경식은 뒤돌아보며 쫓기듯 등장한다. 무엇인가 의견 일치를 확인한 후 고양이 걸음으로 도망친다.

왼쪽 무대 밝아 오면, 구판장댁이 옷가지를 널다가 편지를 발견하고 읽는다.

구판   어무이요. 참말로 죽을 죄를 지었니더. 누구보다 어무이를 잘 아는 아들이라서 이 방법뿐이 없었심더. 그라고 아부지 보험금 받아 숨겨놓은 돈, 지가 잠시 빌려가니더. 어무이 마음 풀리면 곧 돌아올꺼시더. 그라고 순옥이집에 행패 부리믄, 이 못난 아들은 영영 몬 볼 줄 아이소! 불효자 경식이 올림.

왼쪽 무대 암전 되고, 당골네 집 굴뚝에 연기가 피어오른다.

당골   (소리치며 나온다) 옥이 아부지! 옥이 아부지요. 큰일 났심더!
화랭   ……!
당골   이거 쫌 보이소.
화랭   (편지를 받아 읽으며) 참말로 큰일 났데이, 이 일을 우야믄 존노!
당골   대체 이 일을 우예야 하는교?
화랭   집 나간 다 큰 자식들이사, 우야면 몬 살겠나…!
당골   그라고 보이, 경식이 하나 믿고 사는 구판장댁이 큰일이시더?
화랭   인자! 무신 낯으로 경식이 어무이를 봐야 할는지….

당골네 집이 어두워지면, 머리띠를 맨 구판장댁도 통곡을 하면서 암전 된다.

　　파도 소리, 갈매기 소리 한가롭게 들리다가, 당골네 집이 밝아 온다. 화랭이는 분주하게 마당을 쓸고 있고, 머리에 띠를 묶고 당골네가 방에서 나온다.

화랭　(하던 일을 멈추고) 성찬은 몸에, 와 방에 있지 않고 나오능교?
당골　방에만 처박혀 있으믄 안 갑갑한교!
화랭　참, 사람하고는….
당골　바다는 말 그대로 바라보는 것이시더…. 그라믄 웬만한 병은 다 안 낫능교.

　　이때 수행원과 사모님이 집안으로 들어온다. 사모님이 화랭이한테 깍듯이 인사한다. 수행원은 갖고 온 선물을 당골네에게 건넨다.

사모　(인사하며) 지난번 그 용바위 시신이 바로 제 바깥양반입니다.
화랭　아~ 그런교?
사모　갯바위에 낚시 갔다가 (감정이 복받친다) 그만….
화랭　쯧쯧.
사모　(가다듬고) 선생님, 사례는 나중에 따로 하겠습니다.
화랭　아, 아입니더. 지는…. 사람의 도리를 했을 뿐이시더.
사모　사실, 오늘 찾아온 것은…. 늘 꿈에 그이가 나타나…. (감정이 격해 온다.)
당골　(나서며) 그라이까네, 망자가 죽음의 강 건너에서 방황을 하면, 틀림없이 가까운 사람에게 자꾸 나타나서 하소연하는 겁니더.
사모　아~! 그래서…. 그이가 늘 꿈에 나타나서 우는군요?

당골 맞심더, 이 당골네가 골매기성황님께 고인의 극락왕생을 빌어야 겠심더.
사모 어 어떻게요?
당골 지가 시키는 대로 수망굿을 하면 되는데…. 우얄라능교?
사모 아! 예…. (화랭이를 보며) 빠른 시간에 연락을 드릴게요.

  인사를 나눈 후 수행원은 사모님을 모시고 퇴장한다. 암전.

  멀리서 수망굿하는 소리가 들리면서 무대 밝아 온다. 구판장댁이 진열대를 정리하고 있을 때, 급하게 만수가 등장해서 절박한 사정을 이야기한다. 구판장댁은 고무줄로 꽁꽁 동여맨 돈을 만수에게 건넨다. 만수는 돈을 빼앗듯이 받아들고 퇴장한다.

  조금 후, 동네 최씨가 급하게 등장한다.

최씨 하, 하이고…. 크 큰일 났심더!
구판 와요, 뭔 일인교?
최씨 (시계를 보고) 지금 빠 빨리, 라디오 한 번 틀어 보이소!

  구판장댁이 라디오를 튼다.

소리 다시 한 번 속보를 말씀드리겠습니다. 지방 최대의 동해상조에서 가입자 몰래 전격적으로 폐업 신고를 했습니다. 상조 가입자는 대부분 영세한 어민으로, 이미 수백억 원의 피해가 예상되고 있습니다. 또 가입자의 한 어민은 상조회사 건물 옥상에 올라가, 온몸에 휘발유를 뿌리고 투신자살 한 상황입니다. 정부도 뒤늦게 사태의 심각성을 인식하고 대책 마련에 부심하고 있습니다.

구판장 집이 암전 되고, 당골네 집이 밝아 온다. 마당에 동민들이 몰려와서 거칠게 따진다. 급기야 동네 김씨가 화랭이한테 주먹을 날린다. 당골네가 비명을 지른다. 이때 이장과 계장이 급하게 등장하여 뜯어말린다. 동네 사람들이 눈치를 보면서 퇴장한다.

이장 (사이) 이런 상황에 얘기를 해야 하나…?
화랭 이장님! 무신 안 좋은 소식인교? 오늘 날씨도 안 좋은데….
이장 와 수망굿 해준 사람 안 있나…? 알고 보니, 오성전자 사장이라 카더라.
당골 예! (놀라며) 테레비에 나오는 그 오성전자 말인교?
이장 하머요! 그런데 나한테 찾아와가, 마실에서 시신도 찾아줬꼬 수망굿도 잘했다며, 뭔가 마실을 위한 일을 해주고 싶다 카디더?
당골 아! 그래가 예….
계장 마침, 우리 어촌계에서도 풍어제를 준비하던 참에…. 아! 참, 풍어제가 아니고 동해별신굿을 하겠다고 하니까…. 별신굿에 보태라며 큰 돈을 내놓았니더.
화랭 그게 참말인교?
계장 하머요! 이게 다 두 분 덕이 아인교, 그라믄 별신굿은 맡아줄 꺼지요?
당골 그걸 말이라고 하능교. 당연히 별신굿을 맡아야지요!
화랭 아, 아이시더. 당골네는 지금 병원부터 가야 하니더.
이장 병원이라니?
화랭 저 갑상선에 혹이….
당골 아~ 별꺼 아이시더. 별신굿을 하고 가도 되고, 또 안 가도 나을 꺼시더.
이장 참말로 괘안능교?
당골 십칠 년 만에 하는 별신굿인데, 굿하고 나믄 다 나을 병이시더.

이장   하기는. 웬만한 병은 굿하면 다 안 났능교. 이 좋은 소식 전할라 꼬 왔는데, 우야다가….
계장   이장님요! 호사다마라는 말도 안 있능교.
당골   맞심더. 이게 다 골매기성황님 덕이시더.
이장   하여튼 그리 알고 차질 없이 준비들 하이소.

    화랭이는 걱정스레 당골네를 바라본다. 당골네는 애써 웃으며 암전 된다.
    어둠 속에서 태풍 소리가 요란하다. 계장은 동네 스피커를 통해 안내 방송을 한다.

소리   어촌 계장이 알립니다. 오늘 제4호 태풍 무무의 진로가 오키나와를 거쳐 한반도에 상륙한답니다. 태풍은 지금 서귀포, 남서쪽 150키로까지 북상해가, 이곳 포항 앞바다는 밤 열 시쯤에 통과할 모양이시더. 해난 사고에 만전을 기울여 주이소.

    화랭이는 고기잡이 복장을 하고 구판장 앞을 지나간다.

구판   저, 저기…. 순옥이 아부지요!
화랭   아, 예! 불렀능교?
구판   이장님한테, 야그 다 들었니더…. 당골네는 쫌 어떤교?
화랭   차차 안 좋아지겠능교. 근데 경식이 어무이는 쫌 괘안은교?
구판   내사 마 괘안심더.
화랭   아! 예….
구판   그런데 시방, 이 날씨에 오징어잡이 나가능교?
화랭   이렇게라도 해야, 지 마음이 편합니더.
구판   아이구! 가지 마이소. 태풍이 안 올라 오능교.

화랭   이 날 저 날 다 빼면, 언제 동네 사람들 마음에 진 빚을 갚겠능교.
구판   그래도 안 됩니더!
화랭   걱정해 줘가 고맙심더. 멀리 안 나가고 금방 돌아와서 들리겠심더.
구판   아이구 참….

    화랭이는 총총히 바닷가로 나간다. 이내 캄캄한 밤이 되고 우뢰가 무섭게 내려친다.
    바닷가에 횃불이 하나둘씩 늘어난다. 한바탕 소란 속에 동네 사람들이 급박하게 몰려간다. 잠시 후 화랭이를 업고 급하게 구판장댁 앞을 지나간다.

    거센 비바람이 잦아지고 무대 밝아 오면, 당골네 지붕에 흰 옷이 올라간다.

소리   해동, 경상북도, 포항시, 북구, 여남동… 학생, 김화랑. 복! 복! 복!

    당골네 집 앞에 병풍이 세워지고, 당골네가 영정이 있는 빈소를 지킨다.
    동네 사람들은 당골네 집 앞에서 웅성거리는데, 이때 이장과 계장이 등장한다.

이장   다들 여기서 뭐하노? 빨리 상문 안 하고…?
계장   그러지 말고…. 같이 들어갑시다.
동네   아, 예!

당골네가 일행을 맞는다. 문상객은 향을 피우고 재배한 후 당골네를 위로한다.

이장   각 중에 뭐라고 위로해야 될지 모리겠심더.
계장   그동안 마실을 위해 궂은일을 도맡아 하시더니….
김씨   상조로 인한 피해 보상도 나온다 카든데…. 참말로 죽을죄를 지었심더!
최씨   흑흑….
당골   순옥이 아부지는요…. (목이 멘다) 골매기성황님이 불러서 갔심더.

당골네의 이 한마디에 최씨와 김씨는 더 통곡을 한다.

이장   그래, 염은 했능교.
당골   (고개를 흔든다) …….
이장   와요, 벌써 염할 시간이 안 지났능교?
당골   저… 사실은…. 아직 옥이 아부지가 눈을 감지 못하고 있어서….
계장   네? 망자가… 아직 눈을 뜨고 있다꼬요?
이장   와, 망자가 억울하면 눈을 깜지 않는다고 안 하나! 내가 잘몬 했다고 하면서 눈을 깜길 테니까, 퍼뜩 염부터 하시더?
당골   그라믄 이장님이…. (김씨, 이씨에게) 저기 병풍 쫌 치워 주이소.

김씨와 최씨가 병풍을 치우자, 뜬눈으로 누워 있는 시신을 보고 모두가 놀란다.
이장은 침착하게 손을 걷어붙이고 시신에게 다가가 눈을 감긴다.

이장   (떨리는 소리로) 그동안 지대로 챙기지도 몬했니더. 참말로 마이

미안심더!

　이장이 용서를 빌면서 눈을 감긴다.
　이때, 시신이 벌떡 일어나 객석을 뚫어지게 바라본다. 일행은 놀라 비명을 지른다.

당골　(싹싹 빌며) 아이고, 골매기성황님! 잘몬했심더. 이 당골네를 용서해 주이소.
화랭　(미동도 않는다) …….
당골　(귀 기울이며) 뭐라꼬요? 아! 예…. 다 이쪽으로 쫌 나오이소. 퍼뜩요!
화랭　…….
당골　(화랭이를 보고) 우리 골매기성황님이시더. 퍼뜩 절 올리고 빌어야 하니더.

　넋을 놓고 있던 동민들은 눈치를 보다가, 모두 영정 앞으로 나서서 절을 한다.

계장　성황할배요! 앞으로 삼 년에 한 번은 반드시 별신굿을 모실 꺼시더.
화랭　…….
당골　계장님이 말을 하시니까, 저기 골매기성황님이 환하게 웃심더!
화랭　(여전히 미동도 않는다) …….
당골　아! 예…? 성황님이 이번 별신굿을 반드시 지 날짜에 열라꼬 하시니더.
계장　별신굿을 지 날짜에 열라꼬요?
당골　예! 지 날짜에….

이장 아! 저기 성황할배가 눈을 깜았니더. 눈을요!

  당골네가 화랭이 곁으로 가서 부축을 하자, 화랭이가 기댄 채 무너지듯 눕는다.
  서서히 암전 되었다가 파도 소리, 갈매기 소리, 한동안 들리다가 다시 무대 밝아 온다.
  사뭇 다른 분위기에 영덕고모와 잽이꾼이 무리지어 등장한다. 집장무 맞이굿을 한다.

영덕 모십니다. 모십니다. 막장무에 골매기성황님을 모십니다.
  (사이 굿거리장단)

영덕 무극해동 경상북도 포항시 북구하고 여남동. 포항수협 어촌계장님을 제주로 삼았심더.
  (사이 굿거리장단)

영덕 좌별신에 우별신, 만별신에 고하노니, 고기잡이 대 만선이요.
  (사이 굿거리장단)

  어촌 계장은 휠체어를 탄 당골네를 모시고, 신대를 앞세운 무리를 따라 자리한다. 영덕고모는 굿거리장단에 맞춰 신명나게 춤을 춘다. 좌우로 동네 사람들이 모여든다.

영덕 어허! 큰일 났심더. 십칠 년 만에 골매기성황님을 찾았다꼬 화가 잔뜩 났심더.
관객 …….
영덕 우야능교? 골매기성황님이 제일 좋아하는 놋동이굿을 바로 해야

겠심더.

환호 속에 굿거리장단이 요란하다. 이때 보조무당이 영덕에게 쪽지를 전해 준다.

영덕　(주위를 살피며) 안타까운 소식을 전해야겠심더. 이 마실에 놋동이굿의 최고 명인이신 당골네가, 시방 수술받기 직전이라가 굿은 못하고 구경만 하게 됐심더.
관객　(웅성거린다) …….
영덕　(관객을 의식하며) 아~ 지는 원래 놋동이굿은 몬합니다.
관객　…….
당골　잠시만요! (휠체어에서 일어선다) 동민 여러분요! 지가 힘은 들겠지만, 군웅장수를 한 번 다 모셔 볼라니더.
영덕　서성님! 그 그냥 참관만 하신다더니…?

당골네가 애써 웃으며 고개를 끄덕인다. 객석과 주위에서 일제히 박수가 터져 나온다. 당골네는 제단을 향해 세 번 절한 후, 푸너리춤을 추며 무가를 부른다.

당골　모십니다. 모십니다. 군웅님을 모십니다~. 천하에 군~ 웅님을 다 모십니다~.
영덕　어~ 허~.
당골　포항하고 여남동에 천하영웅 군웅장수 여러분을 한분 한분 모십니다.

굿거리장단이 요란한 가운데, 무복을 입은 만삭의 순옥과 꽹과리를 든 경식이 등장한다. 영덕고모에게 인사를 하자, 손짓으로 반기며 놋동이굿에 시선을 집중시킨다.

당골 일심장사 한태중…. 이존부사 지황권…. 삼구명장 제갈량…. 셋별충도 초 패왕…. 오관천장 관운장…. 육구문장 진시황…. 칠연대장 문상투…. 팔세위세 진감로…. 구세동방 장군님…. 십년조조 한소변….

 꽹과리 소리 점점 빨라진다. 당골네는 접신을 암시하는 격렬한 춤 동작으로 몸을 비튼다. 당골네가 놋동이를 입에 대자, 동민들은 숨을 죽인다. 당골네는 놋동이를 입으로 들어 올리지만 곧 비틀거리면서 쓰러진다. 굿판이 중단되고 난감한 상황이 발생한다. 이때 무리 속에서 만삭이 된 순옥과 경식이 무대로 뛰쳐나온다.

순옥 (울부짖으며) 어, 어무이요!
당골 오옥이 왔구나! (애써 웃으며) 내 걱정은 말고…. 구 굿을 부탁한데이.
순옥 (눈물을 삼킨다) …….
당골 퍼뜩하거래이…. 성황님이 노하실라!

 순옥이 고개를 끄덕이자, 당골네를 부축해서 의자에 앉힌다. 다시 빠른 꽹과리 소리가 이어진다. 순옥은 접신을 한 듯, 격렬하게 몸을 비튼다. 그러고는 입으로 놋동이를 번쩍 든다. 그때야 숨죽이던 동민들과 관객이 환호를 지른다.

순옥 (신기를 느끼며) 동민들이요! 인자, 안심하이소! 여기 신께서 이제 다 왔심더.
영덕 아이고! 그 몸으로 (눈물 훔치며) 그런데…. 신께서 뭐라고 하시능교?
순옥   이왕에 왔으니까, 우리 마실 사람들하고 놀고 가신다니더.
영덕   놀고 가신다~! (눈치를 보며) 그라면….

    순옥은 다시 당골네의 표정을 살핀다. 당골네가 애써 웃으며 계속 하라고 손짓한다.

순옥   그라면 우리 놀음굿 한번 해보시더, 어떤교?

    순옥은 반주음에 맞춰 노래 부르며 양쪽에 늘어선 주민과 관중을 동참시킨다. 경식은 짚으로 만든 성기를 찬 채, 관중에게 다가가 걸립을 하면서 흥을 돋운다.

순옥   에야노 야노야 에야노 야노 어기여차 뱃놀이 가잔다
           부딪치는 파도 소리에 단잠을 깨우니
           들려오는 노 소리가 처량도 하구나
           에야노 야노야 에야노 야노 어기여차 뱃놀이 가잔다

    경식은 노래하는 반주음에, 순옥을 시작으로 무대에 연기자를 거쳐, 객석으로 띠를 연결한다. 이때 만수가 등장한다. 구판장댁에게 눈치를 보며, 머리 숙여 절을 한다. 잠시 어색한 상황이 이어지다가, 길게 연결된 띠를 얼른 잡는다. 그제야 동네 사람도 웃으며 함께 띠를 잡는다. 순옥은 뱃놀이를 선창하고 띠를 잡은 사람들이 따라 부른다.

순옥   으스름 달밤에 개구리 우는 소리
           시집 못 간 노처녀가 안달이 났구나

에야노 야노야 에야노 야노 어기여차 뱃놀이 가잔다

핀조명이 당골네에게 떨어진다. 당골네는 기대앉은 채, 손을 흔들다가 떨군다. 전체 조명이 다시 밝아 오면, 관객과 등장인물이 함께 어우러지면서 서서히 암전 된다.

—막

서영칠 | 2010년 희곡 등단. 대구문화재단 전국작가현상공모전 희곡상 수상. 한국문인협회 국제문학교류위원. 한국문학비평가협회 이사. 희곡 『독도영웅 안용복』, 『녹색겨울』 외 다수. king-202@han mail.net

소설

고승우
윤여왕
이진준
전경애

소설 고승우

신혼 부부의 비극

무더위와 늦장마가 지겹게 이어지던 팔월 말 어느 아침나절이었다. 며칠째 비가 질금거리다 맑게 갠 그날 햇빛은 유난히 해맑았다. 그가 공사판으로 일을 나가기 위해 채비를 하는데 아내가 머뭇거리며 입을 연다.

"여보, 여보, 새댁이…."

"새댁이?"

아내의 목소리는 다급하면서도 낮고 평소와는 달리 무척 조심스러웠다. 그가 웬 호들갑이냐는 식으로 건성으로 물으며 방문을 나서려 한다. 그러자 아내가 아침 일 나가기 전인데 좋지 않은 일 같아 말하기가 좀 그렇다며 조심스레 말문을 연다.

"새댁네가 아무 기척이 없어요, 평소와 달리…."

"어떻게?"

그가 급히 양말을 신으며 서두르는 몸짓을 하자 아내가 입을 뗀다. 그녀는 이야기가 길어지면서 점차 겁먹은 표정으로 변했다. 아내는 그날 새벽 지하에 있는 보일러실에 연탄을 갈러 새댁네 앞을 지나칠 때 뭔가 이상하다는 것을 느꼈다. 새댁은 1층 주인댁, 2층 그가 살고 있는 집의 연탄 보일러실이 있는 지하실에 살고 있었다. 그 시각이면 달그락달그락 아침 식사 준비하는 소리, 두런두런 이야기하는 소리가 났는데 너무도 조용했다. 창문 밖으로 새어 나와 주택 주변의 어둠을 깨던 희미한 불빛도 없었다. 아내는 연탄을 갈고 서둘러 집으로 올라오면서 새댁네를 살피며 뭐 별일 있겠나 하는 생각이 들어 그냥 올라왔다고 말했다.

"아침 식사 준비를 하는데 아무래도 맘이 걸려요. 그래서 새댁네 기척을 살피려고 보일러실에 한 번 더 내려갔더니 아, 글쎄."

아내는 새댁네 출입문을 조심스레 두드려도 아무 반응이 없자 가슴이 쿵 내려앉으면서 갑자기 겁이 났다고 말했다. 신랑의 직장이 멀어서 새벽부터 서둘러야 한다고 새댁이 한 말이 생각나면서 아내는 더욱 무서워지더라며 진저리를 친다. 아내는 머리카락이 꼿꼿하게 서는 느낌이 들어 자기도 모르게 계단을 두어 칸씩 뛰어 집으로 올라왔다고 한다. 그는 아내의 말을 들으며 허리를 손바닥으로 꾹꾹 눌러 본다. 그는 고된 막노동 탓인지 갓 마흔을 넘긴 나이인데 허리가 별로 튼튼치 못하다. 오뉴월 복더위에도 잠잘 때는 방구들이 따뜻해야 했다. 밤에 잘 때 허리를 뜨뜻한 장판에 지져야 다음 날 몸이 덜 고달팠다. 늦장마 빗줄기가 오락가락하던 터라 연탄불이 꺼지지 않도록 아내에게 단단히 일러둔 터였다.

"당신 일 나가기 전에 지하실 새댁 집에 같이 내려가 봐요."

아내가 겁먹은 표정으로 말하는데도 그는 이른 아침부터 웬 소동이냐는 표정만을 짓는다. 아내는 혼자서 도저히 새댁네 문을 두드릴 용기가 나지 않는다면서 얼굴에 소름이 돋는지 두 손으로 북북 문질러 댄다.

"여보, 같이 좀 내려가자니까요."

아내가 출근을 서두르는 그의 팔을 붙잡는다. 그는 아내의 표정이 너무 진지하다는 느낌을 받고 맘을 고쳐먹었다.

"그럼 당신이 앞장서."

그의 말이 떨어지자 아내의 얼굴이 고마워하는 표정으로 금세 바뀐다. 아내는 집밖으로 난 계단을 통해 아래층으로 총총 내려가다가 1층 주인댁 출입문 앞에 멈춰 선다. 그녀는 그에게 지하실로 먼저 내려가라고 말하고 조심스레 주인댁 문을 두드리기 시작했다. 그가 지하실 출입구에 다다르기 전에 주인댁 문이 열리는 소리가 났다. 이어 아내가 주인댁에게 낮고 빠른 목소리로 지하실 새댁에게 무슨 일이 생긴 것 같다고 말하는 소리가 들렸다. 그는 지하실 입구에 서서 새댁네 출입문을 밀어 보고 당겨 보아도 움직이지 않았다. 안에서 잠근 것 같았다. 그가 출입문 앞에서 멈칫거리고 있을 때 두 여인이 잰걸음으로 다가왔다. 그는 돌아서서 주인댁에게 목례를 보냈다. 두 여인의 얼굴에는 그가 앞장서 새댁네 집으로 들어갔으면 하는 기색이 역력했다. 그는 새댁네 출입문을 조심스럽게 두드린다. 절반은 짙은 젖빛 유리가 차지한 쇠로 된 그 문에 그가 귀를 대고 들어본다. 아무 소리도 들리지 않았고 어떤 기척도 느껴지지 않았다.

"좀 더 세게 두드려 봐요."

아내가 떨리는 목소리로 그를 채근했다.

"부부가 어디 놀러 간 것 아냐?"

그가 출입문 안쪽에서 무겁게 밀려오는 침묵의 무게에 눌린 듯 낮은 목소리로 중얼거렸다.

"잠겨 있는데…."

문을 밀고 당기던 그가 문이 열리지 않는다고 말하자 주인댁이 그를 밀치듯 하며 출입문 앞으로 다가섰다. 주인댁은 문을 밀고 당겨 보다가 자기네가 보관하고 있는 새댁 출입문 비상 열쇠를 가져와야겠다면서 쪼르르 계단 위로 올라갔다. 아내는 울음이 터질 것 같은 표정으로 그의 옆에 딱 붙어 서서 떨리는 목소리로 "무슨 일이 없어야 할 텐데"라는 말을 되풀이했다. 그리고 주저주저하면서 손으로 출입문을 밀어도 보고 문 손잡이를 잡아당기기도 했다. 잠시 뒤 주인댁이 숨을 헐떡이며 달려와 열쇠를 그에게 내밀었다. 그가 열쇠를 받아 열었다.

"찰칵!"

금속성 소리가 났다. 그가 문을 조심스럽게 밀자 부엌 살림살이가 모습을 드러냈다. 설거지통에 그릇 몇 개가 놓여 있을 뿐 모든 것이 제자리를 지키고 있다. 부엌살림들이 방문객들을 빠끔히 바라보고 있는 듯했다. 희미한 빛 속의 그 물체들은 어떤 생명력을 지닌 것 같아 그는 멈칫거렸다. 부엌에서 방으로 통하는 문은 닫혀 있다. 방문 앞에 빨간 여자 슬리퍼와 밤색 남자 구두가 나란히 놓여 있다. 바깥 출입문과 비슷하게 생긴 방문을 향해 주인댁이 "새댁, 새댁" 하고 불렀지만 방 안에서 아무 소리도 나지 않는다. 그는 귓속을 징징 울리는 침묵의 무게에 짓눌려 가슴속이 답답해졌다. 그는 아랫배에 힘을 꾹 주면서 몇 발자국 걸어 들어가 방문 손잡이를 잡았다. 차가운 금속의 매끈거리는 감촉이 섬뜩한 느낌을 준다. 그는 힘을 주어 오른쪽으로 그것을 틀었다. 방문 손잡이는 가볍게 돌아갔고 방문이 빼끔히 열렸다.

"흐흑!"

그는 열린 문으로 보이는 방 안의 모습에 숨이 콱 막힐 만큼 놀라 방문을 도로 밀어 닫았다. 아직 태양의 손길이 미치지 못해 어두컴컴한 방 안에 두 사람이 누워 있었다. 둘은 마치 나무토막처럼 나뒹굴어져 있었다. 신랑은 방문 바로 밑에 얼굴을 천정으로 향한 채 누워 있고, 새댁은 방문의 맞은편 창문 밑에 엎드려 있다. 신랑의 반쯤 열린 눈동자가 옅은 어둠이 엉겨 붙은 천정을 응시하고 있었다. 그는 닫힌 방문 손잡이를 놓고 주춤주춤 뒷걸음질 친다. 그는 뒤통수 쪽이 망치로 맞은 듯 멍해져 두 눈을 꼭 감고 머리를 훼훼 내저었다. 그가 휘청거리는 걸음으로 뒤로 물러나자 아내와 주인댁이 그를 밀치면서 왈칵 방문을 열면서 동시에 고함쳤다.

"새댁, 새댁!"

두 여인이 방 안으로 뛰어 들어가자 그도 빨려 들어가듯 뒤를 따라갔다. 싸늘하고 매캐한 냄새가 배인 방 안 공기가 그의 얼굴에 확 덮쳐 온다. 그는 그것을 털어 내리는 듯이 한 손을 들어 허공을 휘저었다. 두 여인은 새댁에게 달려가 '정신 차리라'고 외친다. 주인댁은 아내와 한 덩어리가 되어 있다가 그에게 얼굴을 돌리더니 "그렇게 서 있지만 말고 신랑이 어떻게 되었는지 좀 살펴봐요" 하고 외친다. 그는 허리를 굽혀 신랑의 몸을 흔들면서 "여, 여보세요" 하고 불렀다. 여름 잠옷을 입은 신랑의 몸뚱이는 그의 두 손이 힘을 주는 대로 움직일 뿐이었다. 그는 신랑의 몸을 손으로 흔들다가 문득 몸에 온기가 있다는 것을 느꼈다. 시체의 그것처럼 섬뜩하게 차갑지 않았다. 그는 신랑의 입에 자신의 귀를 갖다 대고 숨을 죽였다. 그의 귓불에는 희미한 숨결 같은 것이 와 닿는다.

"사, 살았네. 신랑은 숨이 아직 붙어 있어요!"

두 여인은 새댁이 죽었다면서 넋이 나간 표정으로 방바닥에 앉아 있다가 그와 신랑 쪽을 돌아보았다. 두 여인은 신랑을 살려야 한다면서 빨리 병원으로 옮겨야 한다고 거의 동시에 큰 소리로 말했다. 그의 아내는 그에게 신랑을 들쳐 업도록 채근했다. 그가 신랑을 등에 업고 부근 병원 쪽으로 달린다. 주인댁은 달려오면서 112에 전화를 걸어 신고한다. 그의 등에 업힌 신랑의 사지는 축 늘어져 그가 발걸음을 옮길 때마다 좌우로 흔들거린다. 아내와 주인댁이 양쪽에서 신랑의 몸을 받쳐 주었다. 그들은 한 덩어리가 되어 집에서 얼마 떨어지지 않은 아파트 단지의 병원까지 단숨에 달려왔다. 젊은 의사는 응급실에서 신랑의 눈동자를 까보고 이곳저곳에 청진기를 대보더니 간호사에게 산소 호흡기를 준비하라고 지시했다.

"어떻겠습니까?"

"최선을 다해야지요."

의사는 무표정한 얼굴로 말했다. 그것은 더 이상 아무것도 묻지 말아 달라는 강한 의사 표시 같아 셋은 입을 다물었다. 그와 두 여인은 신랑이 응급실로 실려 들어간 뒤 갑자기 할 일이 없어졌다. 그제야 그들은 지하실에 숨진 채 누워 있는 새댁을 걱정하면서 집 쪽으로 내달렸다. 그는 공사판 일을 나가는 것을 단념하고 두 여인의 뒤를 따라 새댁 방에 도착했다. 두 여인은 벌벌 떨면서 서로의 손을 꼭 잡고 새댁을 바라본다. 눈물을 줄줄 흘리며 '어떻게 해, 어떻게 해' 라는 말을 하면서 어쩔 줄 모른다. 그는 옷장에서 이불을 꺼내 새댁을 덮어 놓고 방을 나오자 두 여인도 따라 나온다. 그들이 지하실 입구에서 서성거리는데 경찰차가 앵앵거리며 달려왔다. 차에서 나이 지긋한 경찰 한 명이 내린다. 그와 부인, 주인댁은 그 경찰에게 아침에 겪은 일을 두서없이 말하면서 지하실로 안내했다. 경찰은 신혼 부부 부엌과 방을 이리저리 살피기 시작했다.

'으으음, 연탄은 때지 않았고….'

경찰은 신혼 부부 방 앞의 아궁이를 보더니 타다만 연탄재 하나만 들어 있는 것을 보고 혼잣말을 하면서 방으로 성큼 들어갔다. 그리고 새댁의 시신을 이리저리 살피기 시작했다. 방 한쪽에 약병처럼 보이는 작은 병과 약 봉지가 있는 것을 보고 경찰이 호주머니에서 비닐봉지를 꺼내 조심스럽게 그것들을 집어넣는다. 경찰은 혼잣말로 '신랑은 병원으로 실려 갔는데 혹시 동반 자살 아닌가' 라면서 새댁의 방을 꼼꼼히 살핀다. 동반 자살이라는 경찰의 말이 끝나자 그의 부인과 주인댁은 거의 동시에 "평소 사이좋은 부부였는데…."라고 말했다. 그러자 경찰이 고개도 돌리지 않은 채 중얼거린다.

"부부 사이는 겉으로만 보아서는 몰라요. 그 속내는 아무도 모른답니다."

경찰의 말에 그의 아내와 주인댁은 아무도 대꾸를 하지 않았다. 경찰이 현장 조사를 끝내고 돌아갔을 때는 정오가 가까웠다. 얼마 뒤 달려온 새댁 친정어머니는 지하실 방에 누워 있는 딸의 시신 앞에서 서럽게 울었다. 신랑 쪽 사람들은 지하실에 들렀다가 신랑이 병원에 입원해 있다는 얘기를 듣고는 모두 그쪽으로 몰려가 버린다. 새댁 단칸방 안에서 여인들이 훌쩍거리는 소리도 시간이 흐르면서 점차 잦아들었다. 새댁 친정 식구들은 옹색하게 집에서 장례를 치를 수 없다면서 그에게 장례식장을 알아봐 달라고 말했다. 결국 새댁 주검은 앰뷸런스 차에 실려 신랑이 누워 있는 병원 장례식장으로 옮겨졌다. 그는 병원에서 신랑 입원실과 신부 시신이 옮겨진 영안실 쪽을 왔다 갔다 했지만 딱히 할 일도 없었다. 병원에서 있어 보았자 할 일이 있는 것도 아니었지만 왠지 발이 떨어지지 않았다. 그는 병원 안을 기웃거리거나 보호자 대기실에서 시간을 보내다가 집으로 향했다.

"여보, 경찰이 왔는데 잠깐 보자는데요."

그가 집 안으로 막 들어서는데 아내가 다가오며 말했다. 늙수그레한 경찰은 주인댁과 함께 무어라 말을 주고받다가 그가 나타나자 그에게 다가왔다. 경찰은 이것저것을 그에게 물었다. 아내와 주인집 아주머니, 그리고 같은 동네 아낙들이 그와 경찰을 둘러싸고 귀를 기울인다. 그가 장황하게 아침에 일어난 일을 말하자 경찰관은 덤덤한 표정으로 듣기만 했다. 경찰은 이런 사건을 이골이 날 정도로 다루었다는 듯 조금 거만한 표정을 지었다. 그러면서 상대방의 말은 귀담아 들으면 된다는 듯이 메모하지도 않았다. 그는 경찰의 그런 모습이 조금 신경이 쓰였지만 열심히 이야기를 계속했다. 그러자 경찰이 손을 들어 만류하는 듯한 태도를 취하면서 말했다.

"말씀 고맙습니다. 나중에 일이 있으면 연락드리죠."

경찰은 말을 마치고 거만한 표정으로 휙 돌아서서 누르스름한 태양의 열기 속으로 걸어 나간다. 경찰이 시야 밖으로 사라지자, 여인들도 자리를 떴다. 그는 집으로 올라가려다가 발길을 돌려 지하실 쪽으로 내려가 새댁 쪽을 살폈다. 출입문 앞에 출입을 금지한다는 비닐 끈이 걸려 있었다. 빼꼼히 열려 있는 출입문 사이로 보이는 방문이 절반쯤 열려 있다. 그는 출입문 앞으로 다가가서 부엌과 방 안을 들여다보았다. 햇빛 몇 가닥이 작은 창문으로 들어와 주인 없는 방 안을 지키고 있었다. 파리 몇 마리가 빙빙 허공을 맴돌다가 다른 곳으로 날아가 버린다. 그는 주변에 아무도 없는 것을 확인하고 출입금지 비닐 끈을 들치고 새댁네 출입문 안으로 도둑고양이처럼 들어갔다. 그는 시멘트벽이 우중충한 지하실 벽을 지나 자기 집 연탄 보일러실을 둘러보았다. 새벽에 아내가 간 연탄은 불이 붙어 잘 타고 있었다. 그는 아내가 무섭다고 연탄을 갈지 않겠다고 하면 어쩌지 하는 생각이 들었다. 그러면서 쑤셔대는 허리 걱정이 앞섰다. 그는 자기 집 연탄 보일러의 배기 파이프를 이리저리 살펴보았다. 주인댁 보일러는 별도로 배관이 설치되어 있었다. 그는 자기 집 연탄 보일러와 새댁네 연탄아궁이의 배기 파이프가 합쳐져 이 집의 큰 굴뚝 쪽으로 연결돼 있다는 얘기를 들었던 생각이 났다. 그는 두 집 배기통이 어디에서 합쳐지는가를 살펴보았으나 온통 시멘트로 떡칠이 되어 있어서 알 수가 없었다. 큰 굴뚝이 있는 위치만 짐작이 갈 뿐이었다. 그는 손바닥으로 벽을 쓸어 보다가 퍼뜩 불길한 생각이 그의 머리를 스쳤다.

'혹시 우리 연탄 보일러에서 가스가 배기 파이프를 통해 새댁네 연탄아궁이로 흘러 나가지는 않았을까?'

그러나 그는 이내 머리를 절레절레 흔들면서 그 생각을 떨쳐 버렸다.

'아니지, 이 집에 이사 와서 연탄 땐 기간이 얼마인데. 그동안 아무 일 없었지 않아. 그리고 경찰이 동반 자살 같다고 했잖아.'

그는 괜한 생각을 했다면서 불길한 생각을 털어 내듯 고개를 절레절레 흔든다. 그는 지하실 출입구 주변에 아무도 없는 것을 다시 확인한 뒤 밖으로 나왔다. 그가 자기 집 현관으로 향하는데 아내가 잰걸음으로 지나치면서 말했다.

"병원 영안실에 다녀올게요."

"그래? 그럼 같이 가지."

그도 집에 혼자 있기도 뭘해서 아내 뒤를 따랐다. 아내가 총총걸음으로 앞서간다. 부부가 집을 나서자 저만치 성냥갑만 한 병원이 한눈에 들어온다. 태양은 아파트 숲 위로 넘어가고 있었다. 부부는 지는 해를 바라보며 걸어갔다. 길 위에 깔린 눅눅한 열기가 발걸음을 옮길 때마다 풀썩풀썩 솟아올랐다. 부부는 두어 발자국 사이를 두고 묵묵히 걸었다. 길게 늘어진 두 그림자가 너울너울 춤을 추며 부부를 뒤따라간다. 검은 유령 같은 그림자들은 땅 위에 짙은 자국을 남길 듯 무겁게 끌려가고 있었다. 병원에 도착할 때까지 두 사람은 말이 없었다.

그가 이 집으로 이사 온 것은 새댁네 사고가 나기 7~8개월 전 정월 대보름이 며칠 지난 바람이 몹시 차고 맵던 어느 날이었다. 그가 세 들어 살던 집주인이 전세 값을 올린다고 통고한 뒤 하루가 멀다 하고 어떻게 할 거냐고 전화를 걸어왔다. 그는 공사판 벌이가 시원찮아 먹고 살기 힘들다며 집주인에게 이번에는 그냥 넘어가자고 통사정을 했다. 하지만 집주인은 자기도 어렵다면서 막무가내였다. 겨울로 접어든 어느 날 그는 더 이상 버티기 어렵다고 생각하고 이사를 결심해야 했다. 돈이 넉넉지 못한 처지에 이사할 바에야 전세 값이 싼 추운 겨울이 제격이었다. 그는 돈에 맞는 집을 구하다 보니 삭막한 도시 변두리 부동산 업소를 헤매야 했다.

"아파트 단지가 옆에 있어 마트도 이용할 수 있고 병원도 가까워 살기에 아무 불편이 없어요."

서른을 갓 넘겼을 것 같은 젊은 부동산 중개인이 소개한 집은 도시의 변두리에 새로 들어선 아파트 단지 부근의 신축 건물이었다. 그 집 주변에는 비슷한 모양의 다세대 주택들이 듬성듬성 서 있었다. 산뜻한 페인트를 칠한 아파트 단지 옆의 단독 주택들은 초라하고 옹색해 보였다. 그 집 담벼락 응달진 곳에는 흙먼지를 뒤집어쓴 얼음 덩어리가 볼품사납게 엎드려 있다. 먼저 입주한 사람들이 버린 연탄재, 비닐봉지 등이 뒤섞여 나뒹굴고 있었다. 그 집은 지하실을 합해 3개 층으로 지하에는 신혼 부부가, 지상 1층에는 주인댁이 살고 있었다. 비어 있는 2층은 면적의 절반만 방 둘과 부엌, 거실이 만들어져 있고 나머지는 시멘트를 결이 곱게 발라놓은 빈 공간이었다.

"그 집에는 연탄 보일러가 있어요."

부동산 중개인은 연탄 때면 아파트에 비해 생활비가 덜 든다며 그에게 적극 권했다. 집주인은 세상 돌아가는 것을 살펴보는 안목이 있어 기름 보일러보다 훨씬 돈이 적게 드는 연탄 보일러를 놓았다고 중개인은 그를 힐끗 쳐다보며 말했다.

"이놈의 세상 피가 나게 아끼지 않으면 살아남기 어렵다니까요. 요즘 연탄 때는 집들이 많아졌어요. 기름이나 가스 보일러 고집하다가 겨울에 얼어 죽기 딱 알맞을 겁니다. 당연히 전세 값도 싸죠. 서민에게는 연탄이 겨울나기에는 최고지요. 연탄 갈기가 좀 귀찮지만 1년간 절약되는 난방비가 얼맙니까?"

부동산 중개인은 솜씨 좋게 말을 이어 갔다. 사실 그에게는 선택의 여지도 별로 없었다. 밀린 빚을 청산하고 나면 전셋집을 줄여서 가야만 했다. 전에 살던 집은 방 안에서 스위치만 꽉 넣으면 저절로 윙 소리를 내면서 돌아가는 기름 보일러가 있었지만 사실 겨울은 춥게 지내야 했다. 아내는 기름 값을 앞세워 웬만한 추위가 아니면 아예 보일러를 꺼놓고 살았다.

"주변에 이렇게 집이 드물면 청소차가 잘 안 와 불편하고 가게가 멀어 생활비도 많이 들어요. 또 연탄 보일러가 지하에 있으니 매일 두어 번씩 연탄 갈러 다니려면 다리 떨어지겠네요."

아내는 그 집이 맘에 안 든다며 불평을 늘어놓았다. 그 말도 일리가 있는 듯해서 몇 군데를 더 돌아다녔다. 그러나 그 집만 한 좋은 조건의 전셋집은 없었다. 결국 부동산 중개인이 침을 튀기며 권한 2층 전세를 계약했다. 전세 계약할 때 보니까 주인댁 내외는 그보다 나이가 어리지만 주인 행세를 하는 폼은 딱 잡혀 있었다. 그러나 그들은 그가 지금껏 겪었던 집주인들과는 조금 달랐다. 비위 상할 만큼 거들먹대거나 시건방을 떨지는 않았다. 그것만으로도 천만다행이다 싶었다.

'새집은 마치 숫처녀 같네.'

이사 하는 날 구름 낀 회색 하늘은 삭막했지만 그는 새집이 맘에 들었다. 아무도 살아본 적이 없는 새집으로 이사하는 것이 난생처음이라 싫지는 않았다. 아내는 이삿짐 위에 퍼질러 앉아 연탄 가는 것이 불편하겠다며 투덜댔다. 그는 그런 아내에게 남의 집 빌어 사는 주제에 불편이 없을 수 있느냐고 쏘아댔다. 그러자 그녀는 입을 삐죽대더니 작은 목소리로 무어라고 한참을 더 구시렁댄다. 그에게 하나뿐인 초등학교 6학년 늦둥이 아들 녀석도 짐 사이에 서 있기만 한다. 입이 댓 발이나 나와 있었다. 그는 끙끙거리며 짐을 나르다가 아들에게 '짐 좀 옮겨라.' 라고 말하려다 그만두었다. 전날 밤 아들이 제 엄마에게 '친구 사귈 만하면 학교를 바꾸는 것이 싫다.' 고 불평하는 소리를 들어서다. 아들은 그의 눈빛을 피해 휭하니 방 밖으로 나가 버린다. 그는 그런 아들에게 미안한 생각이 들어 한숨을 길게 내쉰다.

"새댁이 참 사람이 좋아요."

이사 온 뒤 아내는 지하실 새댁과 가까이 지냈다. 주변에 집이 몇 채 없어 이웃이 드문 탓에 더욱 그랬다. 주인댁하고는 세입자라는 거리감을 쉽게 좁히지 못했다. 아내는 연탄 보일러실을 다녀올 때가 아니라도, 어느 때고 심심하면 새댁 집을 드나들었다.

"마지막 가는 길인데 그렇게 썰렁할 수가 없어요."

비극적 사고가 난 지 이틀 뒤 그가 어둑어둑해질 무렵 일을 마치고 집에 돌아오자 아내가 울어 퉁퉁 부은 눈으로 그를 맞았다. 아내는 새댁 장례식에 다녀왔다면서 눈물을 찍어냈다.

"신랑 쪽에서는 문상객이 몇 명 안 오고 새댁 친정 쪽에서도 친정어머니하고 몇 사람뿐이었어요. 양가는 서로 눈길도 피해요, 글쎄. 새댁 가족은 동반 자살 했다는데 신랑은 살았으니 이런 해괴한 일이 있느냐고 난리였어요. 신랑 쪽 가족들은 말도 되지 않는 소리라고 맞고함치고, 아이고 끔찍해."

그는 속사포처럼 말하는 아내의 말을 건성으로 듣고 있었다. 너무 피곤해 몸이 물먹은 솜처럼 밑으로 가라앉으면서 배가 무척 고팠다. 하지만 아내는 그의 그런 기색이 눈에 들어오지 않는지 방바닥에 퍼질러 앉아 눈물을 찍어냈다.

"밥 안 줘?"

그가 조심스럽게 말했지만 아내는 들은 척도 안 하고 새댁 이야기를 계속했다.

"새댁이 왜 죽었는지 알아내려고 의사가 부검인가를 했데요. 폐와 내장을 조금씩 떼어 서울에 있는 무슨 연구소에 검사를 보냈다나요."

그는 밥 달라는 말이 계속 입가에 맴돌았지만 아내의 기색이 너무 무거워 입을 떼지 못했다. 방바닥을 손끝으로 헤집던 아내가 말을 이었다.

"신랑은 아직도 산소 호흡기를 달고 있지만, 새댁 친정 쪽에서는 신랑이 일부러 의식이 없는 것처럼 꾸미고 있다고 얘기하고 다닌데요. 그렇지만 신랑은 잘못하면 식물인간인가 뭔가가 될지도 모른다는 얘기도 있어요. 어떤 병원 사람이 그렇게 말했다고 그래요."

그는 아내의 말을 건성으로 들으면서 방바닥에 꿍 하며 드러누웠다. 뱃속에서는 꼬르륵 하고 뭔가 흐르는 소리가 났다. 천정이 한 눈에 들어오면서 하얗던 새댁의 얼굴이 얼핏 떠올랐다. 그는 눈을 감으면서 아내에게 조금 짜증난 소리로 말했다.

"피곤한데 물 한잔 주소."

새댁이 죽고 신랑이 중태인 것을 놓고 양가의 가족이 서로 다툰다는 이야기가 몇 채 안 되는 연립 주택 주변을 맴돌았다. 새댁은 죽고 신랑은 아직 살아 있는 것을 놓고 새댁 가족은 신랑이 동반 자살을 하는 척하면서 자기만 살아남은 것 아니냐고 주장한다는 것이다. 새댁의 사인을 알아내기 위해 국립과학수사연구소라는 어마어마한 기관에 경찰이 죽은 사람의 조직검사를 의뢰했다는 얘기가 입에서 입으로 퍼졌다. 아내는 밖에서 들은 이야기를 시시콜콜 그에게 전달했다. 새댁 사망에 얽힌 이야기는 널따란 들판 위에 듬성듬성 서 있는 단독 주택 사이를 발 빠르게 돌아다니다가 아파트 단지까지 퍼져 나갔다. 소문은 시간이 지나면서 점차 부풀려졌다. 사람들은 신혼 부부 사이에 사고가 나기 전에 무슨 일이 벌어지기도 했고 경찰이 그것을 수사 중이라고 쑥군댔다. 새댁이 억울하게 죽은 것이 아니고서야 그런 연구소까지 동원될 리 없다는 거였다.

흉흉한 소문 속에 며칠이 후닥닥 지나갔다. 후덥지근한 날씨를 몰고 온 먹구름이 물러갔다. 9월 초의 태양이 들국화 꽃잎 같은 하얀빛을 뿜으면서 한낮에는 대지를 뜨겁게 달구었다. 불경기로 건축 경기가 가라앉으면서 그는 가뭄에 콩 나듯 하는 일거리를 찾아다니느라 바빠졌다. 하루 일당을 벌기 위해 귀 소문으로 공사판을 찾아다니느라 꼭두새벽부터 부지런히 뛰어야 했다. 어느 날 저녁 그가 피곤한 몸을 끌고 집에 돌아와 저녁상을 물린 뒤 큰 대자로 거실에 덜렁 누웠을 때였다. 아내가 수박 반쪽을 담은 쟁반을 들고 와 그의 옆에 앉았다. 아들 녀석은 대낮에 실컷 놀았는지 제 방에서 벌써 곯아떨어져 있었다. 아내는 수박을 자르면서 입을 연다.

"새댁이 죽은 게 연탄가스 때문이라네요."

"그래에?"

그의 입에서 수박 씨앗이 튕겨져 나왔다. 그는 새댁이 동반 자살을 하려고 무슨 약을 먹어 변을 당했으려니 하는 생각을 굳히고 있던 터라 아내의 말에 놀라지 않을 수 없었다.

"약 먹어 죽은 게 아녀?"

"네. 그렇다네요."

그는 아내가 평소 같지 않게 말을 아끼는 듯해 답답함을 느꼈다.

"경찰도 동반 자살이라고 그랬잖아."

"그러게요. 그게."

"뭐, 뭔데?"

"……."

그는 답답해 견딜 수가 없어 아내를 힐끗 쳐다보았다. 아내의 입은 재갈에 물린 듯 닫혀 있다. 그는 반쯤 먹다만 수박 조각을 내려놓았다. 아내의 얼굴에 장마철 먹구름 같은 어두움이 잔뜩 어려 있다. 그 모습을 바라보며 그는 불안해지기 시작했다.

'그러면 혹시?'

그는 새댁 집과 자기 집의 연탄 배기 파이프가 붙어 있다는 생각이 퍼뜩 떠올랐다. 그는 불안감을 털어 내려고 담배를 찾았다. 평소 같으면 벌써 수박 두어 조각은 축냈을 아내는 조용히 앉아 있다 무겁게 입을 열었다.
"그런데 말예요."
또다시 아내는 말문을 닫아 버린다.
"우리 연탄 보일러실에서 가스가…."
"우리 집 가스가?"
그는 아내의 말이 끝나기도 전에 큰 소리를 내며 자세를 고쳐 앉았다. 아내는 말을 잇지 못하고 침묵한다. 그는 피우던 담배를 급히 끄며 아내의 입을 주시한다.
'그렇게 된 것인가?'
그는 자기 집과 새댁 연탄 보일러실 굴뚝이 하나로 합쳐진 것이 불안했었다. 그것이 사고의 원인이 아닐까는 불길한 생각을 가끔 했던 것이 사실이다. 하지만 아니기를 바랐었다. 그런데 아내의 입을 통해 우려가 현실로 확인되자 가슴 한구석이 쿵 무너져 내리는 듯했다. 아내는 여전히 움쩍도 하지 않고 얼굴을 숙인 채 입을 떼었다.
"경찰이 오늘 낮에 지하실에도 다녀가고 저한테 와서 우리가 연탄불을 피지 않았느냐고 묻더라고요. 새댁이 변을 당하기 전날 연탄을 땠느냐고 자꾸 물어요. 그날 만약 우리가 연탄을 땠다고 말하면 그것이 일을 저지른 것으로 경찰이 몰아갈 것 같았어요. 겁이 나서 여름에 무슨 연탄을 때느냐고 거짓말을 해버렸어요. 그날은 당신 허리가 아프다고 당신 허리를 따뜻한 방바닥에 지져야 한다고 했잖아요. 무더운 날씨지만 비가 주룩주룩 내리고 있었잖아요. 그때 혹시 연탄가스가 배기 파이프를 타고 새댁네 아궁이로 흘러 그 방으로 스며들었을지 모르겠어요. 연탄가스로 변을 당했다면 우리 때문에 신혼 부부가 변을 당한 것인데 겁이 나서 거짓말을 해버린 거예요."

그는 아내의 말을 듣고 침을 꿀꺽 삼켰다. 침 넘어가는 소리가 방 안 가득히 울린다고 그는 생각했다. 새댁과 신랑의 얼굴이 눈앞에 어른거린다. 그는 자신과 아내가 쇠고랑을 찬 모습이 떠올라 몸을 부르르 떨었다.
"그러면 어떻게 되지, 우리는?"
그의 목소리는 떨렸다. 그러자 그의 아내가 숙였던 머리를 쳐들었다. 그녀 눈에는 이슬이 맺혔지만 입가에는 야릇한 웃음이 희미하게 떠올랐다 사라진다. 그는 그런 모습에 덜컥 화를 내며 외쳤다.
"우린 어떻게 되느냐고?"
아내는 그의 말이 끝나자마자 다소 퉁명스럽게 입을 뗐다.
"뭐가 어떻게 돼요? 연탄 땐 우리가 무슨 죄가 있어요. 굴뚝 공사를 잘못한 건축업자와 주인댁이 잘못이라는데."
"당신 그것, 우리가 책임이 없다는 것 사실이지?"
"······."
마치 아내가 모든 걸 결정하는 사람인 것처럼 따져 물었으나, 그에 대한 답은 없었다.
"이놈의 허리만 성했어도 한여름에 연탄은 안 때는 건데."
그는 할 말이 없어 애꿎은 허리 탓만 하고 있다.
"여보 이제 어쩌겠어요. 죽은 새댁을 생각하면 안타깝지만 우리가 일부러 그런 것도 아니잖아요."
아내는 멍한 시선으로 어두운 창밖을 바라보면서 힘없이 말했다. 조금 전까지 석양의 정취가 담뿍 배인 뭉게구름이 창문 한가운데에 버티고 있었다. 이젠 그 네모난 공간에는 먹물 같은 어둠이 번지고 있다. 더 위는 아직도 허공을 가득 메우고 있었다. 그는 뿌연 빛을 뿜는 형광등에서 징 하는 소리가 갑자기 더 크게 들리는 것을 느꼈다. 아내는 고개를 푹 숙인 채 치마 끝을 손가락으로 둘둘 감아 돌리면서 침묵을 지킨다. 시선은 마룻바닥에 못 박은 듯 움직이지 않았다. 아내는 돌부처 같던 자세를 허물어뜨리더니 무겁게 입을 연다. 목소리가 가늘게 떨리고 있었다.

"저는요, 이 세상에 팔자나 운명 같은 것은 없다고 생각해요. 연탄가스로 죽는 것도 팔자소관이 아니란 말입니다."

아내의 말 속에는 무언가 말하려고 하는 것처럼 힘이 있었다.

"운명이란 가난한 사람에게만 가혹한 것 같아요."

아내는 갑자기 철학자나 되는 것처럼 계속 말했지만, 그는 담배만 뻐끔거릴 뿐 아무 말도 하지 않았다.

"새댁이 그렇게 된 것도 그래요. 신혼살림을 왜 저런 지하에다 차렸겠어요. 중앙난방식 아파트나 더 좋은 집이 없어서요? 요새 같은 세상에 연탄 때는 집이 얼마나 되냐구요. 아파트에만 들어가 살았어도 연탄가스로 죽는 일은 없잖아요."

아내는 말을 하다가 흑흑 흐느껴 울기 시작했다. 울음소리가 커지면서 어깨가 크게 위아래로 움직인다. 그는 아무 소리도 못하고 어둠이 가득한 창밖을 바라만 보았다. 그러면서 제대로 가장 노릇을 못한 자신이 처량하게 느껴졌다. 아내는 한참을 흐느끼다가 울음을 그쳤다. 촛점을 잃은 그녀의 눈동자가 허공 한쪽을 바라보고 있었다. 아내는 미동도 하지 않았다. 그는 가슴속이 답답해졌다. 아내에게 뭐라고 한마디 해야 하겠는데 아무 생각도 나지 않는다. 그는 창밖을 바라보던 시선을 거뒀지만 딱히 아내를 볼 수도 없어 눈을 감았다. 얼마쯤 시간이 흐른 뒤 아내가 입을 열었다.

"만약 사람의 운명이나 팔자 같은 것을 결정하는 귀신이 있다면 연탄 때는 곳하고 그렇지 않은 곳을 가리나 봐요. 우리도 이곳에 이사 오기 전에 전세금만 조금 올려주고 주저앉았어도 새댁과의 인연도 없었을 텐데…."

아내는 고개를 더 푹 숙이고 또다시 울먹이며 말을 이어 갔다.

"그렇게 했다면 새댁의 죽음도…."

아내의 울먹임은 큰 한숨으로 바뀌어 방바닥이 꺼질 것만 같았다.

"내가 새댁을 동생처럼 생각하고 좋아했는데 글쎄 이럴 수가 있어요?

그럴듯한 곳으로 이사만 갔더라도 이런 험한 꼴은 안 겪는 건데, 세상에 이럴 수가 있는 거냐구요. 어허허헝."
 아내는 닭똥 같은 눈물을 또 줄줄 흘린다. 그는 아내가 말한 모든 서러움에 대한 책임은 전적으로 가난한 가장인 자신에게 있다는 생각에 아내를 마주 바라볼 수가 없었다. 특히 자신의 허리만 아니었어도 돈 몇 푼에 벌벌 하는 아내가 한여름에 연탄을 땔 리 만무했다. 그래서 더욱 아내의 울음 섞인 푸념은 송곳보다 더 아프게 그의 가슴을 후벼 판다. 그는 다시 담배를 찾아 불을 붙인다. 깊게 연기를 빨아드려 후 하고 뱉어낸다. 연거푸 담배를 빨아대던 그가 고개를 푹 숙이며 움직임을 멈춘다. 꽉 감은 그의 두 눈에서 물기가 번진다. 그의 손가락에 끼어 있는 담배에서 가느다란 연기가 무더운 허공으로 흩어진다. 그는 아내의 고통으로 전해진 아픔과 자신에 대한 무력감에 짓눌려 꼼짝을 하지 못한다. 아내의 흐느낌은 쉬 멈출 것 같지 않았다. 그때 갑자기 주인댁이 사는 아래층이 소란스러워지면서 애간장이 끓어지는 것 같은 여인네 울음소리와 함께 고함 소리가 들려왔다. 그것은 끈적거리는 밤의 열기를 갑자기 사방으로 흩어지게 했다.
 "내 딸 살려내라, 내 딸!"
 그는 벌떡 일어나 앉았다. 아내도 울음을 뚝 멈췄다. 그리고 아래층에서 벌어지는 일을 좀 더 자세히 들으려는 듯 재빨리 주인댁으로 통하는 출입문 쪽으로 다가간다. 그 문은 1층에서 2층으로 올라오는 계단이 끝나는 곳, 그러니까 그가 전세 낸 공간이 시작되는 곳에 떡 버티고 있었다. 그가 이삿짐을 옮길 때 그 계단을 딱 한 번 통과한 이래 그 문은 굳게 닫혀 있었다. 더욱이 그 문은 주인댁에서만 열게 되어 있어서 그가 어쩌다 그 문을 밀어 보았지만 움쩍도 하지 않았다. 아내는 긴장한 얼굴로 그 문에 귀를 바짝 갖다 대고 아래층에서 올라오는 소리에 귀를 기울였다.
 "무슨 일이야?"
 그가 모기만 한 소리로 물었지만 아내는 조용히 하라는 듯 한 손을 들어 좌우로 휘휘 내젓는다. 그러면서 귀를 더욱 바짝 문에다 댄다. 아래층에서는 울음소리와 고함 소리가 간간이 들려왔다. 그때 쿵쿵하고 복도를 올라오는 발소리가 나면서 아내가 출입문에서 재빨리 뒤로 물러나 앉았다. 쇠로 만든 손잡이가 스르르 돌아가더니 문이 힘들게 열린다. 그때였다. 시커먼 물체가 출입문 아래쪽에서 확 튀어나온다.

"으악."

아내가 외마디 소리를 내지르면서 뒤로 벌렁 나자빠진다. 아내 곁으로 빠르게 내빼는 것은 보기에도 징그럽게 큰 새까만 쥐 한 마리였다. 그 동물은 전혀 서둘지 않는 걸음새로 마루 끝까지 퉁퉁 뛰어가서 벽을 가볍게 타올라 열린 창문 밖으로 나가 버렸다. 그 괴물은 마치 어둠 속으로 빨려 들어가듯 그렇게 시야에서 사라졌다. 아내는 창문 쪽을 손가락질하며 "쥐, 쥐" 하고 외친다. 그가 쓰러진 아내에게 다가가는데 반쯤 열린 출입문 가운데쯤에서 주인댁 얼굴이 나타났다.

"계세요?"

얼굴이 창백해 보이는 주인댁은 그가 아내를 일으켜 세우는 것을 외면한 채 쥐가 사라진 창문 쪽에 시선을 주면서 말했다. 주인댁 뒤로 보이는 계단 위에 크고 작은 봉지와 자루들이 어지럽게 쌓여 있다. 아하, 저기가 간이 창고로 쓰였구나 하고 그가 생각하는데 주인댁이 말했다.

"저 속 썩이던 놈의 쥐가 저리 나가 버렸구나. 그동안 그렇게 이것저것 입질을 잘도 하고 다니더니."

주인댁은 성큼성큼 걸어서 창문 쪽으로 가더니 밖을 내다본다. 마치 도망간 쥐를 찾아내려는 것처럼. 창밖은 어둠이 아까보다 훨씬 더 짙어져 있다. 주인댁이 어두운 창밖을 내다보고 서 있는 모습이 무언가 불안해 보였다. 아내가 주섬주섬 일어나 창가로 걸어간다. 주인댁은 창가로 다가온 아내에게 뭐라고 수군대기 시작했다. 아내는 "예, 예" 하면서 주인댁에게 연신 허리를 굽실거렸다. 주인댁의 목소리는 거의 들리지 않았다. 그러다가 주인댁은 갑자기 "아저씨에게도 그렇게 말씀 드리세요." 하고 큰 소리로 말했다. 아래층에서는 여인들의 울음소리가 계단 위의 공간을 지나 열린 출입구를 통해 거침없이 올라왔다.

"그럼 그렇게 알고 내려갈랍니다."

주인댁은 딱딱한 표정으로 말하면서 그에게 목례를 보내고 발길을 돌렸다. 주인댁 뒤로 출입문이 닫히고 이어 딸깍하고 열쇠 잠기는 소리가 들린다. 아래층에서 들려오던 울음과 고함 소리가 갑자기 작아졌다. 아내는 털썩 자리에 앉았다. 그러면서 그의 바지를 잡아당겨 앉게 하고 작은 목소리로 말했다.

"주인댁이 지금 한 말은, 경찰이 새댁네가 연탄을 때다가 사고를 낸 것으로 하기로 했다는 거예요. 새댁 아궁이에 연탄재 하나 있던 것 말예요. 경찰은 새댁이 불붙은 연탄 한 장만 아궁이에 넣는 바람에 그것이 꺼지면서 가스가 생겨 방 안으로 흘러 들어간 것으로 판단할 수도 있다고 했다나요."

그는 아내의 말을 듣고만 있었다. 그리고 한참 동안 무슨 말을 할지 망설이다가 입을 열었다.

"그런데 아래층에 온 사람들은 누구래?"

"예, 새댁 친정어머니하고 사촌들이라는데 새댁이 약 먹고 죽은 것이 아니라니까, 연탄아궁이를 잘 만들었어야 했다면서 저런데요. 주인댁은 새댁 가족에게 돈을 얼마쯤 줄 거라고 말했어요. 신랑 쪽에서는 새댁 쪽이 자기 아들을 의심한 것이 서운해서 아직까지 새댁 친정 쪽 하고 얘기도 하려 하지 않는대요. 주인댁 말이 연탄을 신부댁이 땐 것으로 경찰조서가 다 꾸며져서 우리만 조용하면 일은 끝난 거나 같다나요."

"……."

그는 아내의 말에 할 말이 없어 불 꺼진 담배를 재떨이에 비벼대고 있었다. 아내는 뭔가 개운치 않은 표정을 지었다. 그러면서 한편으로는 안도의 빛이 서서히 그녀의 얼굴에 번지고 있었다. 그는 그녀의 얼굴을 바라보면서 일이 어떻게 되어 가는지를 생각했다. 그는 아내의 얼굴과 창밖을 번갈아 보면서 생각에 잠겼다. 그러다가 그는 가슴속에서 무언가 뜨거운 덩어리 같은 것이 울컥 치밀어 올라오는 것을 느끼며 자리에서 일어났다. 그는 그것을 토해내듯 입 속에서 알아들을 수 없는 혼잣말을 웅얼거리며 창가로 걸어 나갔다. 하늘엔 어느새 별들이 총총했다. 그때 그의 뒤통수를 향해 아내가 혼잣말처럼 말했다.

"신랑네 집에서 어제 의사에게 신랑의 산소 호흡기를 떼라고 했다는군요. 그동안 입원비는 주인댁이 물기로 했고요. 그 돈만 해도 기백만 원이라 신랑 쪽에서는 고마워하드래요."

아내의 말은 아래층에서 올라오는 "내 딸 살려내라"는 고함 소리와 뒤섞인다. 그는 연탄 보일러실의 시멘트가 엉겨 붙은 배기 파이프를 떠올렸다. 그러면서 가슴속이 숨을 쉴 수 없을 만큼 답답해졌다. 밤하늘의 어둠이 그에게 쏟아져 내리는 것 같았다. 그는 얼핏 현기증을 느끼면서 창틀을 붙잡았다. 그때 아내가 그에게 조용히 다가왔다. 그리고 그의 팔을 잡으면서 가라앉은 목소리로 말했다.

"여보, 허리 아프면 오늘 연탄 불 살릴까요?"

고승우 | 2018년 소설 등단. 《월간문학》 단편소설 당선. 문학박사. 한겨레신문 부국장. konews80@hanmail.net

소설 | 윤여왕

애 만들기 좋은 날을 위하여

요즘 가장 흔한 계층이 자영업이다. 그렇다면 자영업이 직업인가? 건우는 그 흔한 자영업자이다. 그것도 사회적 거리두기의 직격탄을 맞고 있는 술장사이다. 저녁에 사람들이 모이지 않게 하는 것이 방역의 핵심이라고 하는 정부의 말을 들으면 부아가 치민다. 그래서 술잔을 든다. 어차피 잘 팔리지도 않는 술이다.

이미 직원도 일을 그만두고 없어서 대화를 할 상대도 없다. 혼자서 자문자답을 해본다.

"건우야. 또 술 먹어? 마누라한테 쫓겨나려고."

건우는 이미 집안에서 찬밥 신세이다. 마누라와 함께 하던 술장사를 요즘은 혼자 가게를 지키고 있다.

"무슨 소리? 나는 절대로 쫓겨나지 않아. 마누라는 벌써 술에 취해 곯아떨어졌을 거라고."

그렇다. 건우의 부인 경숙 씨는 늦은 시간도 아닌데 벌써 잠을 자고 있다. 잠을 자는 동안은 남편에 대한 미움과 안타까움을 잊을 수 있을 것만 같았다. 그래도 밤늦게 들어오는 남편을 잠을 자지 않고 기다렸다 맞이하는 것이 도리인 것 같다는 생각을 하곤 한다. 그러기 위해서라도 초저녁에 조금 자고 일어나려던 참이었다. 초저녁에 잠을 자려면 술의 힘을 빌릴 수밖에 없다.

"마누라는 이미 술에 취했을 거라고. 나야 가장 아냐? 가장 힘든 가장 말이야."

건우는 경숙을 잘 안다. 경숙은 술집을 운영하면서 만난 사이이다. 밤늦게까지 술을 마시던 경숙을 집까지 바래다주는 과정에서 정이 든 사이이다. 정이 들어 함께 살자고 말한 것은 건우였다. 노총각으로 늙고 있었던 건우는 마땅히 애인이 없어 보이는 경숙에게 살며시 말했다.

"그쪽을 보니 남자가 없는 것 같고…."

"그래서요?"

"이것도 인연인데 함께 살자는 말이지."

"나 평생 먹여 살릴 수 있어요? 나는 술도 좋아하는데…."

"크게 호강을 못 시켜도 그까짓 밥과 술이야 얼마든지…."

그렇게 살림을 시작했다. 살림살이가 여유롭지는 않았지만 그럭저럭 술집 운영이 잘되어 부부가 살기에는 큰 어려움이 없었다. 아이가 생기지 않은 것도 크게 한몫을 했다. 어떻게든 아이를 갖고자 했던 건우는 술을 적게 먹고 경숙과 많은 시간을 갖고자 했다. 술을 억지로 먹어야 하는 단골의 부름에도 직원을 대리로 합석토록 했다. 직원은 큰일을 하는 것처럼 술을 덥석덥석 받아 마시곤 했다. 매출이 오르는 것은 좋지만 크게 기뻐할 일만은 아니라는 생각에 늘 머리 한 구석은 허전하기만 했다.

어쨌든 장사가 잘되어 비교적 즐거운 세월을 보내고 있는데 뜻하지 않은 일이 발생했다. 바로 역병인 코로나가 창궐한 것이다. 조선 시대도 아닌데 웬 역병이란 말인가? 그것도 글로벌 시대에 모든 나라가 역병에 걸린다는 것이 말이 되는가?

중국 우한에서 코로나가 처음 발원했다고 미국은 보고 있다. 이런 짱깨들. 미국이 중국을 미개한 민족으로 치부해 이익을 보려는 것을 알 만한 사람은 다 안다.

이런 국제적인 이슈보다 중요한 것은 당장 장사가 안 된다는 것이다. 건우네 가게 매출이 반 토막이 나기 시작했다. 집합제한 업종에 해당되어 밤늦게까지 손님을 받을 수도 없게 되었다. 술장사를 제한하는 것이 코로나 확산 방지에 얼마나 효과가 있는지 건우는 알 수 없다. 매출이 반에 반 토막으로 떨어졌다. 직원을 반강제로 내보냈다. 직원도 공짜 술 한 잔 따라주는 사람이 없자 직감으로 퇴직할 때가 왔음을 알고 있는 듯 보였다.

"그동안 고마웠습니다."

"미안해. 좋은 모습으로 다시 보자."

언제 다시 볼 수 있을까? 코로나는 사라질 것인가? 언젠가 감기나 독감처럼 함께 살아가는 것처럼 이번 코로나도 계속 함께 할 수밖에 없다며 위드 코로나를 말하는 사람도 있다. 정말 그렇게 살아갈 수는 있는 것인가? 건우는 혼자 처음으로 코로나를 퍼트린 사람을 원망했다. 누구인지는 몰라도 한국으로 코로나를 실어 나른 사람을 원망도 해보았다. 술집을 집합제한 업종으로 묶은 정부를 원망하기도 했다. 하지만 살림살이가 나아지질 않는다. 건우 혼자 술을 먹는 시간과 횟수가 늘어나기 시작했다.

경숙도 남편의 고민을 잘 알고 있다. 코로나와의 싸움이 쉽게 끝날 일이 아니라는 것도 안다. 집에서 남편이 퇴근해 돌아오길 기다리면서 습관처럼 술잔을 기울인다. 술이 없으면 견디기가 쉽지 않다. 남편인 건우도 자신이 술을 가까이 하는 것을 이해해 준다. 아이를 갖기 위해서는 술을 멀리 해야 하는 것을 잘 알고 있다. 아이는 갖은 다음에 생각하자는 것이 경숙의 생각이다.

경숙도 술을 먹으며 자신에게 질문을 던지곤 한다.

"아이고 내 팔자야. 고생을 안 시키겠다더니 이게 뭐야? 돈을 벌어와야 편하게 아이를 갖지. 그런데 가게 세도 내기 어렵다잖아. 술이나 먹어야겠어."

지금의 어려움이 남편인 건우 탓이 아니라는 것도 잘 안다. 그래도 남편이 밉다. 잘 나가는 친구도 많지 않은가? 이에 뭔가? 작은 집에서 혼자 술이나 먹고 있는 신세가. 혼자 신세타령을 하면서 먹은 술에 취해 혼자 잠드는 날이 많아졌다. 늦은 밤 남편이 집에 들어와 경숙을 만지려 하면 밀어내기 바쁘다. 남편의 손길이 반갑지가 않다. 그래서 남편이 달려들면 눈에 보이는 베개 등으로 막아 보기도 한다. 그러한 행위가 꿈인지 생시인지 분간하기도 어렵게 술과 잠에 취해 있는 경숙이다.

건우는 그런 경숙이 안타깝고 미안하다. 그래서 경숙과 아이를 가질 욕심에 잠을 자고 있는 경숙을 억지로라도 깨울까를 생각하다가도 단념하곤 했다. 잠이라도 잘 자게 하는 것이 경숙을 위하는 일이라고 생각했다. 그래서 경숙이 잠을 깰까 봐 침대에 오르지 않고 방바닥에서 잠을 청하기도 했다.

문제는 엉뚱한 곳에서 터졌다. 경숙이 방송 인터뷰를 한 것이다.

"남편인 줄 알고 마구 때렸는데요."

경숙은 잠이 덜 깬 상태로 방송 인터뷰를 했다. 방송사마다 난리가 났다. 헤드라인으로 '맨손으로 도둑을 잡은 여인' 이라는 자극적인 문구와 함께 경숙의 모습이 등장했다. 제대로 단장을 하지 않았고 잠도 덜 깬 듯한 경숙은 사태 짐작도 하기 전에 인터뷰를 진행했다.

"어제 무슨 일이 있었나요?"

"무슨 일이라니요? 난 그저 깊은 잠에 빠졌을 뿐인데."

"경찰에 따르면 맨손으로 도둑을 잡았다고 하던데요. 어떻게 된 일입니까?"

"저는 도둑을 잡은 일이 없는데요. 잠을 자고 있는데 남편이 늦게 들어와 침대에 기어오르려고 해서 베개로 한번 때리고 다시 잠에 들었을 뿐인데요."

"그렇다면 남편과 도둑을 착각하신 건가요?"

그제서야 경숙은 사태가 묘하게 돌아가고 있음을 깨닫게 된다. 자신이 무슨 인터뷰를 하고 있는지 짐작이 가기 시작한다. 황급히 자신의 옷매무새를 돌아보더니 집 안으로 들어갔다. 기자가 추가로 질문을 하려 했다.

"몰라요."

그렇게 인터뷰는 끝났지만 이를 받아서 다른 언론사에서도 경숙의 얼굴이 등장했다.

"도둑을 남편인 줄 알고 때려잡은 주부가 화제입니다."

"남편이 얼마나 미웠으면 잠을 자다가 베개로 때렸는데 기절할 정도였다고 합니다. 그것도 도둑을 말입니다."

경찰이 호송을 하고 있던 도둑에게 카메라 앵글이 따라가자 도둑이 말한다.

"제가 베개로 맞은 것이 맞나요? 배가 고파 담을 넘었을 뿐인데. 여자에게는 관심이 없어요. 마침 방에 불이 꺼져 있어서 들어갔는데 순간 눈앞에 불이 번쩍하더라고요. 그리고 저는 아무 생각도 나지 않아요. 저는 담을 넘은 죄밖에 없어요. 정말 아무 짓도 하지 않았어요. 그런데 여자가 그렇게 힘이 센지 처음 알았어요. 저런 여자가 있다는 것을 알았다면 다른 집을 넘었을 거예요."

도둑은 회사에서 잘리자 조그맣게 가게를 차렸는데 코로나로 보증금까지 까먹어 길거리에 나앉게 되었다고 말한다. 자신도 코로나 피해자라고 한다. 정말 피해자인지 피해자 코스프레를 하는지는 알 수 없다.

"자영업은 직장인의 무덤입니다. 힘들어도 그냥 회사 생활하는 것이 최고입니다. 때가 되면 봉급이 나오잖아요. 사장 소리 듣는 자영업, 정말 개털입니다."

도둑이 진지하게 말하자 처세술 강사처럼 보이기도 했다.

인터뷰 장면을 지켜보던 건우는 웃어야 할지 울어야 할지 표정 관리가 되지 않았다. 경숙은 그런 남편에게 살며시 안기며 미안한 마음과 함께 긍정의 표정을 지었다. 그리고 건배사를 하듯 말했다.

"오늘 밤은 정말로 잠을 자지 않고 기다릴 테니 일찍 들어오세요. 때리지도 않을 거고. 우리의 아이를 위해서라도. 아이 만들기 좋은 날을 위하여!"

윤여왕 | 1996년 소설 등단. 제22대 회장. 숙박신문 발행인. 한국문인협회, 한국소설가협회 회원. 시집 『깜빡 넘어가 주세요』. 소설집 『빽밀러』, 『이브의 정원』, 『세일즈맨이 된 대통령』. sookbak1@hanmail.net

소설 이진준

태어나지 않은 자의 슬픔

"엄마!"
 바닥 모를 우물 속을 휘감아 나오는 소리가 세상에 가득하다. 무수한 소리가 아우성친다. 소리는 소리끼리 부딪치고 뒤섞여 웅웅거리는 울림으로 쏟아진다. 우물 속을 빠져나온 소리는 공기 중으로 퍼지지 못하고 맴돌다가 우물 속 깊이 역류해 들어간다. 그 소리는 흐느낌 같기도 하고 절규 같기도 하다.
 적막 같던 세상이 갑자기 환하게 밝아 온다. 그 환한 빛 속에 가슴 저 밑바닥에서 차오르는 울음 같은 통곡이 들려온다. 사람의 가슴을 쥐어짜는 소리이다. 그 소리는 곧 자지러질 듯한 아이의 울음소리가 되어 들려온다. 그 울음소리가 내 심장을 얼어붙게 한다.
 "엄마!"
 너무나 낯설면서도 그리움에 사무친 목소리이다. 그 소리에 나는 두려움과 죄의식으로 몸을 떤다. 나는 터질 듯한 가슴을 쓸어안으며 그 소리를 찾아 사방을 두리번거린다.
 내 아랫도리에서는 아직도 무엇인가가 계속 빠져나가고 있다. 내 몸이 거대한 수원지가 된 것일까? 끈적거리는 감촉이 가랑이를 타고 흘러

내린다. 내 몸 어디에 이렇게도 많은 액체가 고여 있었던가. 아니면 내 몸이 모두 녹아 흘러내리는 것인가. 내 몸은 한없이 가벼워진다.

배가 고프다. 몸 속에 아귀가 들어선 듯 아무리 먹어도 허기가 채워지지 않는다. 내 몸 어디가 터져 내장이 모두 바닥에 쏟아져 버렸나? 나는 손을 뻗어 내 몸을 더듬는다. 갈증으로 나는 내 몸에서 쏟아져 나온 액체를 게걸스럽게 핥는다.

내 주위에서 무엇인가가 느껴진다. 손을 뻗으면 그 기운이 내 손에 와 닿는다. 그러나 아무리 잡으려 해도 그것은 형체인지 감각인지 잡히지 않는다.

내 의식은 하얗다. 나를 둘러싸고 있는 모든 것이 하얗다. 그 하얀 세상 위로 하얀 소리가 들린다. 무엇일까? 잡힐 듯 잡힐 듯하면서도 끝내 잡히지 않는 저 소리는 무엇인가? 아니면 형상인가?

나는 지금 어디에 있는가?

나는 기억을 더듬는다. 생각을 모으며 눈을 돌려 사방을 기웃거린다.

내가 왜 여기 있나? 내가 왜?

나는 손을 더듬어 아무것이나 잡으려고 애쓴다. 내 하얀 의식에 붉은 핏방울이 방울방울 떨어진다. 내 손에 무엇인가 조각난 형상들이 잡힌다.

가위. 마스크. 푸른 옷. 금속성의 감촉. 그리고 저 얼굴.

그이이다. 분명히 그건 그이이다. 그이가 나를 내려다보고 있다. 그때 그이의 눈에 비치던 그 표정은 무엇이었나?

안도? 그랬나? 그때 그이의 눈에는 눈물이 맺혀 있었다. 정말이다. 아니 정말인가? 그이가 내게 무슨 말을 했던가? 내게 무슨 말을?

나는 지금 혼수상태이다. 나는 인공호흡기를 댄 채 누워 있다. 의사와 간호사들이 정신없이 움직이고 여기저기서 다급한 고함 소리가 들려온다. 나의 숨결은 끊어질 듯 말 듯 이어지고 있다. 나는 그런 내 모습을 말없이 바라본다.

초점을 잃은 내 눈은 허공을 응시하고 있다. 저 눈은 지금 어디를 헤매고 있나? 몇 시간 전까지만 해도 환하던 저 얼굴에 내린 저 창백한 죽음은 무엇인가? 아무리 받아들이려 해도 받아들여지지 않는다. 이럴 수도 있는가? 정말 이럴 수도 있는가?

남편과 마지막 나누던 말이 쟁쟁하게 내 귀를 파고든다.

"아무 걱정 마. 모든 게 잘될 거야."

남편은 내 손을 움켜잡는다.

"꼭 옆에 있어 줄 거죠?"

"그래 그럴게."

"우리 다시 예전으로 돌아갈 수 있을까요?"

"그럼, 당연하지. 그저 악몽을 꾼다고 생각해."

남편이 내 손을 잡은 손에 힘을 준다. 남편의 체온이 통증 속에 전해온다. 그이의 손은 얼음처럼 차갑다. 나는 남편에게 가벼운 미소를 지으며 슬며시 손을 뺀다.

"예, 그럴게요."

"져야 할 죄가 있다면 내가 다 질게. 내가 이다음에 다 지고 지옥에 갈게."

"아뇨. 왜 당신이. 가면 내가 가야지요."

"아니야. 내가 가야 돼."

"그러지 마세요. 그렇게 자책하지 마세요. 어쩔 수 없잖아요. 당신 말처럼 이게 최선이라면요."

"그래. 당신을 사랑해."

그 말을 하며 남편은 다시 내 손을 잡으려 한다. 나는 손을 감추며 그이의 눈길을 피한다. 그러나 내 행동과는 달리 나는 그이가 잡아 주기를, 그이가 막아 주기를 간절히 바란다. 그러나 그이는 내 손을 놓으며 고개를 돌린다. 그리고 문이 닫힌다.

문이 닫히는 순간 바라본 그이의 눈에는 아무런 감정도 없다. 메마른 얼굴이다. 그 얼굴 어디에 사랑이 있는가? 나는 그 순간 우리가 다시 예전으로 돌아갈 수 없다는 것을 깨닫는다. 그이가 아니라 내가 돌아갈 수 없다.

나는 차가운 분만대 위에 혼자 누워 있다. 나는 분만대의 다리받침 위에 두 다리를 들어 걸친다. 아랫도리가 훤히 드러난 내 몸 위로 눈이 부실 듯한 빛이 쏟아진다. 그런 나를 그들이 무표정하게 바라보고 있다. 그들 앞에서 시커먼 치부를 드러낸 내 몸은 더 이상 내 몸이 아니다. 그것은 그들의 실험용 살덩이이다.

내 몸은 서서히 마비되어 간다. 내 의식은 살아 팔딱거리며 뛰는데 나는 아무것도 느낄 수 없다. 오직 가랑이 사이로 차가운 금속성만이 전해져 온다. 그들이 내 몸 속을 마구 휘젓는다.

나는 그 순간 공포에 사로잡혀 비명을 지른다.

"살려 줘요. 제발 제 아이를 살려 주세요."

나는 부끄러움도 잊어버리고 벌거벗은 몸으로 무릎을 꿇고 손을 비비며 수없이 머리를 주억거리지만 내 목소리는 단 한마디도 그들에게 들리지 않는다. 그들은 내 몸 속을 난도질한다. 도대체 저들은 뭘 하는 걸까. 내 몸에서 무엇을 찾으려 하는 걸까. 저들이 뿌린 욕망의 흔적인가?

나의 그곳을 들여다보는 의사의 얼굴에 남편의 얼굴이 겹쳐 어른거린다.

"가만있어요. 움직이지 말고."

그의 목소리는 그가 쥔 가위와 핀셋만큼이나 무표정한 금속성이다.

나는 하얀 어둠 속에서 소리를 찾아 사방을 두리번거린다. 소리는 멀리에서인 듯 가까이에서인 듯 간간이 내 심장을 터뜨릴 듯 다가온다. 나는 그 소리를 따라 손을 더듬는다. 소리가 들려오는 방향을 찾을 수 없다.

그 소리는 어디에서 들려오는 걸까? 내 몸 밖에서인가 아니면 내 마음 속에서인가? 그 소리는 거대한 자석처럼 나를 끌어들인다. 그 소리는 내 영혼을 뒤흔들어 나를 참을 수 없는 그리움과 고통 속으로 밀어넣는다.
 저 목소리는 누구인가? 아무리 기억을 더듬어도 들은 적이 없는 목소리이다. 그런데 왜 저 목소리가 나를 이토록 간절하게 하는 걸까? 나를 "엄마"라고 부르는 저 소리가 왜 내 영혼을 온통 뒤흔드는가?
 나는 그 소리를 찾아 휘청거리며 돌아다닌다. 그러나 나는 그 자리에서 맴돌 뿐 한 걸음도 나아가지 못한다. 나는 숨을 헐떡이며 헤맨다. 소리는 끊어질 듯 이어져 들려온다.
 "엄마!"
 "애야, 어디 있니?"
 "여기요."
 "거기가 어디니?"
 "여기요."
 "애야!"
 나는 소리를 찾아 다급하게 소리를 질러대며 허둥거린다.
 "애야!"
 더 이상 소리가 들리지 않는다. 나는 불안감에 휩싸여 다시 그 소리를 찾아 허우적거린다. 그러나 아무리 숨 가쁘게 돌아다녀도 더 이상 소리는 들리지 않는다. 그럴수록 내 마음은 더 바쁘고 불안해진다.
 나는 하얀 어둠의 한가운데 어쩔 줄 모르며 서 있다.
 "엄마! 저 여기 있어요."
 나는 그 소리에 놀라 다시 사방을 두리번거린다.
 "애야, 어디이니? 왜 내 눈에는 보이지가 않니?"
 "엄마, 눈으로 찾지 말고 마음으로 찾으세요."
 "마음이라니?"
 "바로 곁에 있어요."
 "애야."
 "절 보려 하지 말고 느끼려 하세요."

"그게 무슨 말이니? 내가 죽은 거니? 그러니?"

"죽지 않았어요."

"그럼 살아 있는 거니?"

"살아 있지 않아요."

그 소리에 나는 제자리에 얼어붙은 듯이 선다. 소리는 금방이라도 나를 삼킬 듯이 밀려온다. 내 심장이 뛰는 소리 같기도 하고 지구가 구르는 소리 같기도 하고 천체가 움직이는 소리 같기도 하다. 그 소리가 거친 파도처럼 밀려왔다가 밀려가며 내 몸을 덮친다. 그때마다 내 심장은 터질 듯이 뛴다.

나는 마음을 고요히 하고 소리를 받아들인다. 내 귀에 울리던 그 무수한 소리가 잔잔한 솔바람 소리가 되어 내 몸속으로 밀려든다. 소리는 내 몸의 세포 하나하나에 스며들어 내 몸으로 녹아든다. 나는 소리가 된다. 어디선가 솔내음이 풍겨온다.

그 향기 속에 무수한 소리가 점점 가라앉더니 멀리 사라져 간다. 더 이상 아무런 소리도 들리지 않는다. 그런 내 몸에 무엇인가 감촉이 느껴진다. 형체는 보이지 않지만 무엇인가 내게 다가오고 있다. 나는 그 형체를 더듬는다. 그러나 내 손에 감촉만 느껴질 뿐 아무리 더듬어도 형체는 잡히지 않는다.

"여보, 아이를 이대로 지울 순 없어요. 그냥 낳아요."

나는 또다시 남편에게 애원한다. 남편은 아무 말이 없다. 나는 남편의 손을 더듬거리며 잡고는 죄인처럼 무릎을 꿇고 고개를 숙인 채 간절한 눈빛으로 바라본다.

"여보, 이러면 안 돼요. 그래도 우릴 찾아온 아이잖아요. 그런데 어떻게 죽일 수 있어요."

그러나 남편은 나를 외면한 채 돌처럼 꿈쩍도 않는다. 남편의 거친 숨이 방을 가득 채운다. 그런 남편 앞에서 나는 한없이 작은 모습으로 숨을 죽인 채 흐느낀다. 내 앞에서 남편은 너무나 당당하고 거대한 모습으로 서 있다.

남편의 침묵이 길어질수록 나의 불안은 커진다. 죽음의 공포가 엄습하면서 나는 온몸을 부르르 떤다.

남편은 마침내 끙하는 신음 소리를 내더니 입을 연다.

"안 돼. 지워."

남편은 그 말을 하고는 내 팔을 뿌리친다. 나는 그런 남편에게 더욱 매달리지만 내 손은 남편의 완강한 팔에서 힘없이 떨어진다.

"우리 자식이잖아요. 그런데 어떻게 지워요. 못해요. 당신도 지난번에 병원에서 봤잖아요. 아이가 뱃속에서 움직이는 걸 당신도 보았잖아요. 그런데 그 아이를 죽인단 말이에요? 어떻게 그럴 수가 있어요. 아이 아버지라는 사람이 어떻게 그럴 수가 있어요. 그러고도 당신이 아버지에요? 그러고도 날 사랑한다고요? 그걸 어떻게 믿어요? 남자인 당신이 아이에 대해 뭘 알아요? 당신 뱃속에서 뛰는 아이의 심장 소리를 느껴 보았어요? 당신의 온몸으로 전해 오는 태동을 느껴 보았어요? 당신은 몰라요. 당신은 아이에 대해 이래라 저래라 할 권리가 없어요."

나는 기어이 울음을 터뜨리며 소리를 지르지만 남편은 미동도 하지 않는다. 그런 남편을 향해 나는 다시 한 번 기다시피 다가가 팔을 잡는다. 남편의 팔은 돌처럼 차갑고 딱딱하다. 나는 슬그머니 그 팔을 놓는다.

"누군들 이러고 싶어 이러는 줄 알아? 우리를 위해서나 그 아이를 위해서나 태어나지 않는 게 좋아. 그러니 쓸데없는 감정에 사로잡히지 말고 냉정해져."

그 소리를 남기고 남편은 밖으로 나가 버린다. 나는 혼자 방바닥에 엎드려 서럽게 운다. 뱃속의 아이가 살려 달라고 애원하는 듯 꼬무락거리며 움직인다. 나의 울음은 끝내 통곡으로 바뀐다. 아이가 느낀 걸까. 아이가 더욱 사납게 태동을 한다.

엄마는 막내 아이를 잃어버리고 서럽게 울었다. 그 아이가 태어나는 날 나는 옆방에서 동생들과 함께 아버지의 품에 안겨 기다렸다. 어린 나이에도 엄마가 옆방에서 아이를 낳는다는 것을 알았다. 나는 긴장하며 동생이 태어나기를 기다렸다.

할머니가 분주하게 그 방을 들락거리고 어머니의 비명 소리가 오랫동안 계속되었다. 그러나 끝내 아이의 울음소리는 들리지 않았다. 얼마 후 할머니의 한숨 섞인 탄식이 흘러나왔다.

"마 파이다. 고추가 달렸던데 인연이 없는갑다."

그 소리에 아버지는 고개를 떨구고 나는 그런 아버지의 가슴으로 깊이 파고들었다. 옆방에서는 희미하게 비린내가 풍겨 왔다. 문을 열고 들여다보자 어머니는 어두컴컴하고 질척한 외양간에 웅크린 암소처럼 널브러져 있었다.

딸아이가 문을 열고 들어온다. 딸아이는 나를 보자 다가와 내 앞에 쪼그리고 앉는다.

"엄마, 울어?"

"아니, 울긴."

"우는데."

"아니라니까."

"엄마, 아가는 언제 나와?"

딸아이의 그 말에 나는 다시 한 번 솟구치는 눈물을 삼킨다. 그리고 고개를 들어 딸아이를 바라보며 한 손으로 딸아이의 머리를 쓰다듬는다.

"많이 자면."

"얼마만큼?"

"그냥 많이."

"열 밤?"

"그보다 더 많이."

나는 다시 이를 악문다. 그러나 이 사이로 울음이 새어 나온다. 나는 와락 딸아이를 끌어안고 소리내어 운다. 딸아이의 작은 심장이 내 가슴에서 팔딱거린다.

"미안하다. 혜미야. 정말 미안하다."

딸아이는 내 말과 울음소리에 당황한 듯 덩달아 울음을 터뜨린다. 이 다음에 딸아이가 지고 갈 산고가 한 순간 내 가슴을 후벼 판다.

내 육신이 분만대 위에 널브러져 있다. 가랑이 사이에는 온통 피가 범벅이 되어 있고 분만대 아래 바닥에 놓인 대야에는 핏덩어리가 서로 엉켜 있다. 그 핏덩어리 속에 보일 듯 말 듯 살덩이가 뒤섞여 뒹군다.

나는 다가가 그것을 바라본다. 으깨진 머리와 사지가 피 속에 뒹군다. 박살이 난 가슴 한 귀퉁이에서 콩알만 한 심장이 아직도 팔딱거린다. 눈구멍에서 빠져나온 눈 알 하나가 나를 응시한다. 그 모습에 나는 소스라치게 놀라 비명을 지른다.

의사는 마침내 가위와 핀셋을 분만대 위에 놓고는 피 묻은 장갑을 벗는다. 그리고 마스크를 벗으며 깊은 숨을 내쉰다.

"자 다 됐습니다. 깨끗이 잘 끝났습니다."

그 말을 남기고 의사는 간호사에게 몇 마디 지시를 한 후 서둘러 분만실을 빠져나간다. 간호사가 나의 아랫도리에 패드를 대고 일으켜 세운다. 나는 일어나 아랫도리에 댄 패드를 잡은 채 간호사를 따라간다. 사지가 후들거려 간신히 걸음을 떼어 놓는다. 그러나 이상하게도 눈물이 나지 않는다.

옆방으로 들어서자 간호사가 나를 침대에 눕힌다. 그러고는 잠시 후 간호사가 다시 와 주사를 놓고는 돌아서며 말을 한다.

"여기서 쉬었다 피가 멎으면 가세요."

간호사가 나가자 나는 갑자기 텅 빈 공간 속에 혼자 남는다. 그동안 제법 불렀던 배가 푹 꺼져 있다. 나는 그저 멍하니 천장만 바라보고 있다.

그런 내 눈에서 눈물이 흘러내리며 목이 매어 오기 시작한다.
"미안하다. 미안하다. 미안하다. 미안하다. 미안하다."
나는 혼자 중얼거린다.
한없이 깊은 잠이 밀려든다. 나는 눈을 감는다. 이대로 다시는 깨지 말았으면 하는 간절한 바람이 잠 속에 묻어온다. 나의 의식은 흐릿해지고 까무룩이 지워져 간다. 나는 헤어날 수 없는 깊은 늪에 빠져든다. 아랫도리에서 다시 콸콸거리는 소리가 난다. 누군가가 나를 다급하게 흔들어 깨우는 소리가 난다. 발자국 소리가 어지럽게 달려온다. 내가 어디론가 실려 간다.

나는 보일러를 한껏 올리고 안방에 누워 이불을 덮는다. 딸아이는 유아원에서 아직 돌아오지 않았다. 온몸이 한없이 바닥으로 가라앉는다. 마치 깊이를 모를 심연 속으로 가라앉는 것 같다.
나는 그 깊은 물속에서 허우적거린다. 물을 수없이 들이키고 숨이 막혀 터질 듯한 가슴을 움켜잡은 채 나는 버둥거린다. 살려달라고 고함을 지르지만 모두들 나를 구해 주지 않고 바라보며 킬킬거리기만 한다. 그 사람들 속에서 남편의 모습이, 의사가, 간호사가 볼록 렌즈 속의 인물처럼 확대되어 다가왔다가 비눗방울처럼 터져 버린다.
볼록 렌즈 속에서 나는 어머니의 모습으로, 딸아이의 모습으로 바뀐다. 나는 그들을 보자 몸을 부르르 떨며 그들을 구하기 위해 물속으로 뛰어든다. 그러나 그곳에는 사지가 잘려 나간 무수한 시체들이 뒹굴고 있다. 나는 그것을 보고 비명을 지른다.
잠을 깨니 어둠이 방 안에 깔리기 시작하고 있다. 온몸이 땀에 홍건히 젖어 축축하다. 나는 간신히 몸을 일으킨다. 아랫도리가 몹시 쑤시고 아프지만 몸은 가볍게 느껴진다. 나는 일어나 옷을 주워 입고 딸아이를 데리러 간다.
돌아오는 길에 딸아이는 자꾸만 내 배를 바라본다.

"엄마 배가 왜 그래?"

"응? 어때서?"

"배가 안 부르잖아. 아가가 나왔어?"

그 말에 나는 딸아이를 끌어안으며 혼자 중얼거린다.

"우리 혜미 불쌍해서 어떡하나. 우리 혜미 여자로 태어나지 말 걸."

나는 딸아이를 안고 기어이 울음을 터뜨린다.

그날 엄마는 그 방에 들어선 나를 끌어안고 서럽게 울었다. 그날 나는 엄마에게 이유도 모른 채 불쌍한 아이가 되었다.

"불쌍한 내 새끼."

엄마는 그 말만 넋두리처럼 되뇌었다.

"혜미야!"

나는 다시 한 번 딸아이를 으스러지게 끌어안는다. 딸아이는 내 품에서 빠져나가려 애쓴다.

내가 팔의 힘을 풀자 품에서 빠져나간 딸아이는 내 배는 잊어버리고 앞장서 뒤뚱거리며 달려가다 돌아서서 내게 소리를 지른다.

"엄마 빨리 와."

나는 그 소리에 발걸음을 좀 더 크게 떼지만 아랫도리가 아파 잠시 그 자리에 주저앉다시피 몸을 수그린다. 그런 나를 보고 혜미가 쪼르르 달려와 내 손을 잡는다. 아이의 얼굴에 환한 웃음이 묻어난다. 아이가 내 귀에 대고 속삭인다.

"엄마, 사랑해."

그 말에 내 가슴이 벅차오른다. 나는 아이의 손을 잡고 간신히 일어난다. 아이의 손은 참으로 따뜻하다. 내가 몸을 일으키자 아이는 다시 뽀르르 달려간다.

남편은 아직도 돌아오지 않는다. 거실의 뻐꾸기 시계가 열한 시를 알린 지도 꽤 되었지만 남편은 아직도 돌아올 기미가 없다. 전화 한 통도 없다. 나는 혜미 옆에 누워 희뿌연 어둠을 바라본다. 창밖으로 복도의 불빛이 스며든다. 천장에 붙여 놓은 무수한 별빛이 어둠 속에서 명멸한다.
 나는 혜미의 손을 잡는다. 작은 손이 내 손에 가득 들어온다. 그 아이의 손도 이랬을까? 그 아이의 얼굴은 어땠을까? 누굴 닮았을까?
 그런 생각이 들자 내 마음은 미친 듯이 그 아이에게로 향한다. 나는 고개를 흔들며 애써 그런 생각을 지워 버리고 다시 천장을 바라본다. 희미하게 별빛이 어른거린다. 그 아이의 별로 정해 두었던 큰 별은 보이지 않는다.
 나는 조용히 가슴을 쓸어내린다. 눈물이 볼을 타고 흘러내려 품에 안겨 잠이 든 혜미의 볼에 떨어진다. 나는 가만히 손끝으로 그 눈물을 닦아 내 입에 가져다댄다. 찝찔한 맛이다. 나는 눈물과 함께 울음을 삼킨다.
 갑자기 복도가 소란스러워지더니 초인종 소리가 들린다. 그러나 나는 꼼짝도 않고 누워 있다. 초인종이 몇 번이나 계속 울리더니 마침내 현관문이 열린다. 남편의 익숙한 발걸음이 집 안으로 들어온다.
 남편의 비틀거리는 소리가 들려온다. 곧 이어 남편이 혜미의 방으로 다가와 와락 문을 연다. 술기운이 확 끼쳐 온다.
 "뭐야. 벌써 자는 거야?"
 남편은 내 옆에 털썩 주저앉더니 딸아이의 볼에 자기 볼을 문지른다. 혜미가 잠결에 고개를 돌려 남편의 거친 턱을 피하며 칭얼거린다. 남편은 아이에게서 몸을 일으키더니 내게 말을 건넨다.
 "미안해. 난들 마음이 편하겠어. 그래도 그 수밖에 없잖아. 혜미의 장래를 망칠 수는 없잖아. 우린 괜찮아. 우리 자식이니까. 다 참을 수 있어. 하지만 혜미가 무슨 죄야? 안 그래? 난 그걸 참을 수 없어. 당신 마음 다 알아. 하지만 새로 아이를 가지면 곧 잊혀질 거야. 이번엔 사내아이를 하나 낳자."
 그 말을 남기고 남편은 비틀거리며 일어나 밖으로 나간다.
 그 말에 내 목에서 굵은 응어리가 차오르고 눈물이 핑 돈다. 악을 쓰고 고함을 지르고 싶다. 그러나 내 몸은 한없이 가라앉기만 한다. 나는 돌아누워 혜미를 끌어안는다. 아이가 내 품 속으로 파고든다. 아이의 무게가 제법 무겁게 느껴진다.

내 몸이 가볍게 떠오른다. 몸의 무게를 전혀 느낄 수 없다. 손으로 살을 만지면 무엇인가 느껴지지만 아무것도 잡히지 않는다. 나는 단지 감각의 덩어리이다. 나는 알 수 없는 공간 속에서 자유롭게 떠돈다. 우주 유영이라는 것이 이런 느낌일까?

내 육신이 눈 아래에 보이지만 그것은 아득히 먼 사물처럼 느껴진다. 무한 공간 속에 떠 있는 느낌. 무중력 상태. 세상은 내가 느끼던 것과 전혀 다르다. 나는 시간과 공간을 느낄 수 없다. 내 주위로 무수한 빛이 쏟아지지만 그것 또한 순수한 감각에 불과하다.

내 정신은 마치 실오라기처럼 내 몸에서 풀려 나간다. 어린 시절 어머니가 짜 놓은 옷의 한 끝을 잡아당기면 줄이 끝없이 이어져 빠져나갔다. 줄은 옷을 따라 뱅뱅 돌며 어지럽게 풀려 나가고 옷의 형체는 마치 허물을 벗듯이 사라져 갔다. 바로 그때처럼 내 몸에서 무엇인가가 빠져나간다. 그리고 내 몸은 실오라기가 다 풀린 형체처럼 덩그러니 분만대 위에 누워 있다.

나를 사로잡고 있던 소리들이 하나 둘 사라진다. 나는 적막한 공간에 떠 있다. 아니 공간이라는 것 자체가 사라지고 없는 무 속에서 나는 떠 있다. 내 주위로 수많은 존재가 느껴지지만 아무것도 보이지는 않는다.

"엄마!"

어디선가 다시 그 소리가 들려온다. 나는 그 소리에 끌리듯이 몸을 일으켜 세운다. 내가 내 육신에서 완전히 빠져나와 떠오른다. 내가 갑자기 어디론가 빨려드는 듯한 느낌이 든다. 감당할 수 없는 속도가 내게 전해 온다. 몸이 뒤틀리고 늘어난다. 나는 아득히 까무러칠 듯한 속도에 온몸을 내맡긴다.

강인가? 은하수인가? 뿌연 안개가 자욱한 강변이다. 강에서는 끝없이 물안개가 피어오른다. 이른 가을 새벽의 차가운 공기가 나를 감싼다. 나는 맨발로 그 강에 들어선다. 나는 첨벙거리며 물속을 걸어 들어가지만 내 발에는 서늘한 기운뿐 아무것도 밟히지 않는다. 내 몸이 점점 더 깊이 그 물속으로 들어간다. 이내 물이 내 몸을 완전히 삼킨다.

"엄마!"

내 육신은 더 이상 보이지 않고 강렬한 빛의 덩어리가 느껴진다.

"넌 누구지?"

"엄마, 저예요."

"누구?"

나는 손을 내민다. 무엇인가가 내 손에 느껴진다. 나는 몸을 부르르 떤다.

"왜 절 죽였어요?"

그 말에 나는 화들짝 놀라 고개를 든다.

"혜연아, 너니?"

"제 이름이 혜연이던가요? 태어나지도 않은 저가요."

나는 그 소리에 몸서리치며 울음을 터뜨린다. 가슴이 터질 것만 같이 부풀어 오르고 말할 수 없는 통증이 밀려온다. 차라리 이대로 심장이 멎어 버렸으면. 그러나 내 심장은 숨 가쁘게 뛴다.

"미안하다. 이 어미가 죽을죄를 졌다."

"제가 혜연인가요?"

"그래 우린 널 그렇게 부르기로 했다."

"우리라니요?"

"엄마 아빠가."

"그런데 왜 절 죽였지요?"

"어쩔 수 없었단다. 넌 태어나도 불행할 수밖에 없었어. 차라리 태어나지 않는 게 더 나아."

"누가요? 누가 더 낫다는 거지요? 당신이? 아니면 저가요?"

"우리 모두에게. 무엇보다 너에게."

"그걸 어떻게 알아요? 그건 당신의 변명이지요. 전 태어나고 싶었어요. 그날이 있기를 얼마나 기다렸는데요. 당신을 엄마로 해서 태어나고 싶었어요. 당신을 엄마라고 부르고 싶었어요. 그런데 당신은 절 죽였어요. 그러고도 절 위해서라고요?"

"미안하다. 하지만 그럴 수밖에 없었어. 넌 태어나선 안 될 아이였어. 넌 정상이 아니었어. 넌 이 땅에서는 사람 구실을 하며 살 수 없었어. 네겐 사는 게 죽음보다 더 고통스러울 거야. 네가 겪을 고통이 우린 두려웠어. 우린 언제까지나 널 지켜줄 수가 없어. 우리가 떠난 이후의 네 삶을 생각해 봐. 미안하다 용서해다오."

"전 태어나고 싶었어요. 엄마가 뭐라고 하든 전 태어나고 싶었어요. 그래서 당신을 찾았어요. 그런데 당신은 절 죽였어요. 무참하게요."

"애야."

"제 목이 잘리고 머리가 으깨지고 팔과 다리가 떨어져 나가고 눈알이 터지는 고통이 살아가는 고통보다 더 적다는 건가요? 그런가요?"

그 소리에 나는 쓰러지며 가슴을 움켜잡는다. 가슴이 막혀 제대로 숨을 쉴 수 없다. 태어나지도 못한 내 아이가 여기서 나를 찾고 있다. 그 억겁의 어둠 속에서 빛을 찾아 나를 찾아왔다가 무참하게 살해당한 채 다시 억겁의 어둠 속에 갇혀 버린 아이가 여기 있다.

"미안하다. 정말 미안하다. 제발 이 엄말 잊어버리고 더 좋은 세상에 건강하게 태어나다오."

"전 이제 어디에도 태어날 수 없어요. 다시는 태어날 수 없어요. 한번 부여받은 생명인데 당신이 절 죽였으니까요."

"애야, 용서해다오."

나는 그 자리에 엎드려 통곡한다.

"용서라니요? 태어나지도 못했는데요. 당신의 얼굴을 본 적도 없는데요. 당신의 숨결을 느낀 적도 없는데요. 그런데 제가 누굴 용서하지요?"

"혜미를 불행하게 할 수는 없었다. 혜미가 평생 지고 가야 할 고통을 참을 수가 없었다."

"그래요? 그럼 태어나지 않은 저는 아무것도 아닌가요? 뱃속에 든 저는 당신의 아이가 아닌가요?"

"아니다 애야. 정말 아니다. 난 널 낳고 싶었어. 정말 널 낳고 싶었어. 널 죽이는 순간 이 엄마도 죽었어. 넌 혼자 죽은 게 아니야. 이 엄마도 함께 죽었어. 네가 죽는 고통을 이 엄마도 겪었어. 네 살이 터지고 잘려 나갈 때 이 엄마의 살도 잘려 나가고 터졌어. 넌 혼자가 아니야."

나는 다급하게 소리를 지르며 그 아이를 잡으려고 손을 더듬는다. 내 손에 무엇인가가 느껴진다. 아이의 팔이 잡히고 가슴이 만져지고 목을 따라 더듬어 올라가자 입술과 코와 눈과 귀가 내 손에 느껴진다. 나는 눈물을 흘리며 아이의 몸을 더듬는다.

내 손은 예민하게 살아나서 머리끝부터 발끝까지 아이를 수없이 더듬는다. 너무나 부드럽고 매끄러운 아이의 피부가 내 손에 살아 움직인다.

"너가 내 딸 혜연이니? 정말 그러니? 그래 내 몸에 느껴지는구나. 내 뱃속에서 꼬무락거리던 네 모습이 느껴지는구나. 정말 너구나. 혜연이 구나. 내 딸이구나."

나는 아이를 안으며 통곡한다. 내 눈물이 아이의 머리에 떨어진다. 아이가 내 품에서 빠져나오려 몸부림친다.

"혜연아. 잠깐만, 잠깐만 이렇게 있어다오. 부탁이다. 널 다시 한 번 느껴 보고 싶다. 할 수만 있다면 널 다시 내 뱃속에 품고 싶다."

아이의 거친 숨결이 내 가슴에 전해 온다. 아이의 흐느낌 소리가 내 가슴에 파고든다. 그리고 이내 아이의 숨결이 잠잠해진다. 곧 이어 아이의 심장 박동이 내 심장의 박동에 맞추어 뛰기 시작한다.

"혜연아, 우리 여기 함께 살자."

나는 아이를 다시 한 번 으스러지게 끌어안는다. 그러나 아이는 벌써 내 품을 빠져나가고 나는 빈 가슴만 안는다.

"돌아가세요. 여긴 당신이 있을 곳이 아니에요."
"함께 살자."
"돌아가세요."
아이가 멀어져 가는 느낌이 든다. 나는 그 느낌에 놀라 절박하게 아이에게 소리를 지른다.
"혜연아 잠깐만, 잠깐만 기다려. 네 모습을 한번만 보여다오. 이 못난 엄마의 소원이다. 우리 딸 한번만 보자. 그래야 이다음에 다시 만나면 널 기억하지 않겠니?"
"전 태어나고 싶었어요. 전 당신을 사랑했어요. 그래서 당신을 찾았어요. 당신을 엄마라 부르며 당신의 사랑을 받고 싶었어요. 그런데 그럴 수가 없어요. 잘 가세요."
"혜연아, 우리 다시 만날 수 있니? 다시 만날 수 있겠지? 그렇지?"
"당신을 정말 엄마라고 부르고 싶었어요. 당신의 품에 안겨 당신의 젖을 물고 당신의 사랑이 가득한 눈길을 받고 싶었어요. 당신의 딸 혜미처럼요."
"애야. 혜연아."
"당신을 사랑했어요. 제 엄마였을 당신을요."
그 소리에 나는 다시 아이의 손을 움켜잡는다. 그러나 더 이상 아이가 느껴지지 않는다. 나는 다시 거대한 소용돌이에 휘말려 든다. 그 소용돌이의 한가운데서 태어나지 못한 한 아이가 산산이 조각난 육신을 비틀며 흔들리고 있다. 그 순간 내 심장이 터질 듯하다. 나는 그 아이의 모습을 잡으려고 안간힘을 쓰며 팔을 뻗는다.

"엄마!"
어디선가 아득한 곳에서 다시 그 소리가 들려왔다. 나는 미칠 듯이 기뻐 그 소리를 향해 손을 내밀었다. 뿌연 물안개 사이로 아이의 간절한 모습이 희미하게 떠올랐다. 아이의 모습이 잡힐 듯 말 듯 다가왔다. 아이의 모습이 내 시야에 어른거렸다.

　나는 환희에 차서 그 아이에게 달려갔다. 아이가 내게 웃고 있었다. 아이가 주춤거리며 내게 다가왔다. 나는 아이를 잡기 위해 손을 뻗었다. 아이는 잡힐 듯 잡힐 듯하면서도 좀처럼 잡히지 않았다. 아이의 밝은 미소에 내 심장은 터질 듯이 두근거렸다.

　"애야 우리 다시 만날 수 있겠지? 꼭 다시 만날 수 있겠지?"

　나는 마침내 아이의 손을 잡았다. 아이의 따뜻한 감촉이 내 손에 전해져 왔다.

　뿌연 안개 사이로 아이가 웃고 있었다. 아이의 환한 미소가 내 가슴으로 파고들었다.

　"엄마, 깨어났어? 엄마!"

　아이가 내 품으로 와락 뛰어들었다. 혜미였다. 나는 아이를 가슴에 끌어안았다. 아이의 눈물이 내 볼을 타고 흘러내렸다. 그 눈물 속에서 낯선 한 아이의 모습이 환하게 떠오르다 사라졌다. 나는 혜미를 으스러지게 끌어안은 채 무엇인가를 간절히 찾으면서 사방을 두리번거렸다. 세상이 하얗게 바래 있었다.

　나는 혜미의 손에 의지해 간신히 몸을 일으켰다.

　"혜미야, 우리 그만 여길 떠나자."

이진준 | 2018년 소설 등단. 문학박사. 장편소설 『바다행』. jjeili@hanmail.net

소설 전경애

흥남의 마지막 배—빅토리호

1

변호사 밥은 뉴욕 공항에서 김 신부를 태운 후 곧장 수도원을 향해 차를 몰았다. 갑자기 날이 흐려지고 눈보라가 치기 시작했다. 그렇다고 임종이 임박한 수도원의 마린 신부를 방문하는 일을 포기할 수는 없었다. 밥에게 연락을 한 수도원장은 마린 신부가 내일을 기약하기 어렵다고 말했었다.

그들이 처음 만난 것도 그 수도원에서였다.
"한국에서 온 김 바오로 신부네, 한국전쟁 중 빅토리호에서 태어난."
빅토리호의 선장이었던 마린 신부는 밥에게 한국에서 온 김 바오로 신부를 소개해 주었었다. 마린 신부는 고령으로 휠체어에 의지해 있었다. 변호사 밥은 김 신부의 손을 덥석 잡고 흥분된 어조로 말했었다.
"제가 바로 그 빅토리호의 부선장이었습니다!"
"정말입니까?" 김 신부는 참으로 놀랍고 반갑다는 표정을 지었었다.
"그 배에서 다섯 명의 아기가 태어났지요."
그때 그 배에서 태어난 다섯 아기 중 하나가 반세기도 넘어 가톨릭 신부가 되어 나타나다니. 얼마나 만나고 싶었던가. 밥은 와락 김 신부를 끌어안았다.

1950년 12월 차디찬 흥남부두.

당시 그 배의 젊은 부선장이었던 밥은 한국전쟁 후 법대를 나와 뉴욕에서 변호사로 일하고 있었다.

"그렇다면 당신 이름은 '김…치?'"

밥은 장난기 있게 김 신부에게 물었다,

"어머님 말씀이 배 안에서 미국 선원들이 날 '김치 베이비'라고 불렀다고 하더군요," 말하며 김 신부는 웃었다.

"김치가 우리가 아는 유일한 한국말이었소. 그래 김치1, 김치2, 이렇게 이름을 지어 불렀지요. 정말 미안합니다."

"괜찮아요, 이해가 갑니다. 저는 제 이름이 자랑스럽습니다."

김 신부가 대답했다.

"흠… 그런데, 부친께서는 어떻게 되셨나요?"

"제 아버님은…." 김 신부는 문득 말을 멈추고 깊은 한숨을 지었다.

괜한 것을 물었구나, 밥은 후회했다. 밥은 손을 저으며, 아, 됐습니다. 하고 말했다. 그는 김 신부에게 다가가 그의 등을 두드렸다. 사실 그는 무슨 소리가 나올까 두렵기도 했다. 한국전쟁이라는 커다란 상처를 지닌 한국 사람과는 깊은 이야기를 나눌 수 없다고 그는 생각했다.

"아, 괜찮습니다. 아버님은 그때 흥남부두에서 일찌감치 배를 타긴 탔었는데… 그런데, 부두에 남은 사람들이 한 사람이라도 더 타려고 목숨을 걸고 매달리는 것을 보고, 마지막 순간에 배에서 내리셨다고 합니다. 그 뒤로는 영영…."

김 신부는 말을 맺지 못했다. 밥은 정말 괜한 것을 물었다고 후회했다.

"제 어머님은 저를 키우느라 무진 고생을 하셨습니다. 어머님은 평생 아버님을 기다리셨습니다. 통일의 그날을 기다리며 매일매일 기도하시다… 얼마 전에 돌아가셨습니다."

말을 마친 김 신부는 천천히 성호를 그었다. 두 사람 사이에 깊은 침묵이 흘렀다.

김 신부의 얼굴에서 밥은 한 척의 배를 보았다. 1950년, 참혹했던 겨울, 불타는 흥남부두를 최후로 빠져나온 마지막 배, 빅토리호를.

2

변호사 밥은 젊은 시절 배를 탔었다. 그러다 생전 들어본 적도 없는 한국이란 나라에서 전쟁이 터졌다.

"1950년 6월 25일, 고요한 아침의 나라 코리아에 전쟁 발발…."

급박한 상황을 알리는 보도는 숨가쁘게 전 세계로 퍼져 나갔다.

전선은 삽시간에 부산까지 밀렸다. 유엔 안전보장이사회 결의로 미국을 포함한 영국, 캐나다, 터키, 호주가 군대를 보내왔다. 또 필리핀, 태국, 뉴질랜드, 네델란드, 콜롬비아, 그리스, 프랑스, 벨기에, 룩셈부르그, 이디오피아, 남아공 총 16개국이 연이어 군대를 보내왔다. 스웨덴과 인도, 덴마크, 노르웨이 이탈리아의 5개국은 의료 지원 부대를 파견했고 전 세계 60개국 이상이 한국을 지원했다.

밥이 부선장으로 일하던 빅토리호는 7천6백 톤에 정원이 60명인 화물선으로서 전쟁 물자를 실어 나르는 일에 차출되었다. 빅토리호는 닥치는 대로 군수물자를 날라야 했다. 군인들이 먹을 레이숀 박스에서부터 제트오일까지. 그것은 지극히 위험하고 힘든 일이었다.

유엔군 사령관 맥아더 장군의 극적인 인천 상륙 작전이 성공하였다. 유엔군은 크리스마스 이전에 전쟁을 끝내기 위해 총공세를 폈다. 그러나 그 계획은 30만 중공군의 인해전술에 의해 저지되고 말았다. 미해병대 제1사단을 포함한 2만 5천 명의 유엔군은 최북단 함경남도 장진호로 진격해 가고 있었다. 그들이 장진호에서 중공군에게 완전히 포위당했다는 뉴스가 전 세계에 퍼져 나갔다. 장진호의 상황을 보고 받은 맥아더 사령관은 알몬드 장군에게 피해가 더 커지기 전에 철수하라고 명령했다.

그때가 바로 밥이 탄 빅토리호가 전투비행기 연료로 쓰일 제트오일을 잔뜩 싣고, 지뢰밭을 헤치고, 흥남항에 들어갔을 때였다. 밥은 배 위에 서서 쌍안경으로 부두를 지켜보았다.

유엔군이 후퇴한다는 소식이 전해지자, 많은 사람들이 흥남으로 몰려들었다. 부두는 연일 몰려드는 피난민에 혼란스럽기 짝이 없었다. 흥남 부두에는 20만 명이 넘는 피난민들이 집결하여 추위와 허기, 눈보라와 싸우며 그들을 남쪽으로 실어다 줄 배를 기다리고 있었다. 그러나 알몬드 장군은 그가 이끄는 제10군단의 10만여 군인들을 철수할 방도를 찾기에도 힘겨웠다. 미제10군단 민사부 고문 현봉학, 포니 대령 등은 알몬드 장군을 찾아가 피난민들을 남쪽으로 데려가기를 끈질기게 애원하고 설득했다.

알몬드 장군은 일본과 부산으로 피난민 구원 요청을 필사적으로 타전했다. 마침내 피난민을 남쪽으로 싣고 갈 LST와 수송선이 흥남부두에 도착했고 피난민들은 눈보라 속에 배에 오르기 시작했다. 부두 한쪽에는 미군이 군인과 피난민을 한 사람이라도 더 태우기 위해 포기한 온갖 병기와 군용물자가 산더미처럼 쌓여 있었다. 흥남항 가까이 다가온 중공군과 유엔군 사이에는 최후의 치열한 전투가 벌어지고 있었다. 포성과 총성이 천지를 뒤흔들고 있었다.

LST와 수송선들은 한국 피난민들로 꽉꽉 들이찼다. 트럭이나 탱크 위, 아래, 지하 창고에서 꼭대기까지 온통 피난민들로 뒤덮였다. 미공병대는 부두에 쌓인 엄청난 양의 무기와 군수품들이 적의 수중에 넘어가는 것을 막기 위해 폭파 장치를 설치했다.

군수송선 레인 빅토리호, BM 501호, 버지니아 빅토리호, LST 661호, 요나야마 마루호, 토바트 마루호, 마다 케트호, LST 668호, LST 059호, LST 081호, LST 074호 등 약 2백 척의 배가 흥남과 원산, 이원 등에서 10만여 명의 피난민을 싣고 속속 남쪽으로 향했다. 미처 배를 타지 못한 피난민들은 부두에서 울부짖고 있었다.

1950년 12월 23일, 마린 선장이 이끄는 빅토리호는 60명이 정원인 배에 1만 4천 명의 한국 피난민을 태우고 눈보라를 헤치며, 엄청난 폭음과 함께 거대한 화염에 싸인 흥남항을 최후로 빠져나왔었다.

3

김 신부의 표정은 어두웠다. 자신이 한국에서 너무 늦게 온 것을 후회하고 있었다. 김 신부는 말없이 앉아 차창 밖의 풍경을 지켜보았다. 나무들이 더 울창해지고 있었다.

'크리스마스트리….'

김 신부는 마린 신부님이 계신 수도원의 어린 나무들을 생각했다. 그곳 수도원의 사제와 수도사들은 오래전부터 크리스마스트리를 재배해 왔다. 김 신부는 지난번 수도원을 방문했을 때 수도원장과 나누던 대화를 기억했다.

"대량 생산된 플라스틱 크리스마스트리에 밀려 진짜 트리가 통 안 팔려요," 수도원장이 말했었다.

"게다가 여기 사제들의 숫자가 자꾸 줄어들고 있어요. 이제 우리 열댓 명뿐이 안 남았어요. 그중 삼분의 일이 95세 이상이지요. 얼마 안 가 이 수도원도 문을 닫게 될 것 같아요."

한국의 김 신부는 최근 마린 신부가 위독하다는 것을 뉴욕의 밥에게서 연락을 받았었다.

"마린 신부의 건강이 급속히 악화되어 가고 있어요. 고령의 수도자들이 모두 짐을 싸서 떠날 준비를 하고 있답니다," 밥은 한국 수도원의 김 신부에게 말했었다.

김 신부는 그동안 바쁘다는 핑계로 마린 신부에게 무심했던 자신을 질책했다. 그의 출생이 마린 신부와 연관이 있었고 마린 신부가 아니면 지금 그의 삶이 어떻게 되었을지조차 알 수가 없었다.

"마린 신부님, 걱정 마십시오, 한국에 있는 젊은 신부들을 이 수도원으로 보내 수도원을 재건하고 싶습니다."

사실 김 신부는 지금 병중의 마린 신부에게 이 기쁜 소식을 전하러 한국에서 날아온 것이었다.

눈보라 속에 차는 고집스럽게 앞으로 나아가고 있었다.

수도원이 있는 뉴욕주에 사는 변호사 밥은 그동안 점점 허약하고 말이 없어져 가는 마린 신부를 여러 번 방문했었다. 수도원장은 항상 밥을 반갑게 맞아 주었고 밥과 함께 노환의 마린 신부의 곁을 지켜 주었다. 마린 신부는 말이 없었다.

어느 날 밥은 마린 신부에게 불쑥 이야기를 꺼내었다.

"마린 신부님, 그 한국 바다에서의 빅토리호의 그 기적 같은 항해를 설마 잊은 것은 아니겠지요?"

밥은 침묵하는 그에게 다시 물었다. 그러나 마린 신부는 아무 말도 하지 않았다. 밥은 포기하지 않고 빅토리호의 놀라운 항해 이야기를 꺼내며 참을성 있게 마린 신부의 반응을 기다렸다. 밥이 또 빅토리호에 관한 이야기를 꺼내려 하자 한 번은 말없이 누워 있던 마린 신부의 입술이 조금 움직였다. 밥은 얼른 귀를 바싹 가져다 댔다.

"인간이…." 마린 신부는 숨 가빠 했다. 밥은 바짝 긴장했다. "할 도리를… 한 겁니다." 마린 신부는 거기서 말을 끊었다.

"네, 인간이 할 도리를 한 것이지요," 밥은 크고 명확한 소리로 반복했다.

마린 신부는 무엇인가 더 말하려고 잠시 입술을 움직이려다 다시 잠이 든 것 같았다.

"선장님, 마린 신부님, 그런데 그때 빅토리호가 한국 정부로부터 받은 을지무공훈장을 찾아야지요, 없어졌단 말입니다!" 밥은 마린 신부의 귀에 대고 외쳤다. 그러나 마린 신부는 대답이 없었다.

'한국전쟁과 사라진 을지무공훈장….'

밥은 기필코 그 잃어버린 을지무공훈장을 도로 찾아서 빅토리호의 위대한 항해를 세상에 알려야 한다고 생각했다.

그러던 어느 날 밥이 다시 수도원을 방문하자 마린 신부는 밥에게 '당신 누구인가? 남미에서 왔나?' 하고 퉁명스럽게 말하고는 돌아누워 버렸다. 그를 환영하지 않는다는 눈치였다.

'왜 나를 피하는 것일까?' 밥은 그를 정말 이해할 수 없었다.

그럴수록 밥은 마린 신부가 의식을 잃어버리기 전에 빅토리호가 한국 정부로부터 수여받은 그 을지무공훈장을 찾아내야 한다는 결의를 굳혔다.

'그런데 선장이던 마린 신부님이 가지고 계시던 그 을지무공훈장은 도대체 어디로 사라진 것일까?'

밥은 수도원장에게 을지무공훈장을 찾아달라고 부탁을 했다. 그러나 수도원장 역시 마린 신부의 방을 샅샅이 뒤졌지만 을지무공훈장을 찾아내지는 못했다.

이제 밥도 70대 후반이다. 더 이상 머뭇거릴 시간이 없었다.

'빅토리호 이야기는 아마도 영원히 역사 속에 묻히게 되는지도 몰라….'

밥은 을지무공훈장을 찾고, 메레디스 빅토리호의 기적적인 항해에 대한 이야기를 세상에 알리는 것은 부선장으로서 그의 의무라고 생각했다.

4

거칠어진 눈발이 앞 유리창을 후려치기 시작했다.

"마린 신부님은 내가 수도원에 찾아가서 흥남 철수 당시 빅토리호의 활약상을 한국인들에게 알리고 싶다고 하면 탐탁지 않게 생각하셨어요. 인간이라면 당연히 할 도리를 했는데, 뭘 그러나, 하구요." 밥은 말했다.

김 신부는 말없이 듣고만 있었다.

"혹시, 나머지 네 명의 김치 아기 중 누구를 만나 본 적이 있나요?" 밥은 물었다.

"아니요, 저는 그들에 대해 전혀 알지 못합니다." 김 신부는 대답했다.

그렇다. 거제도에 도착해서 온갖 고생을 하던 피난민들은 하나 둘 다 부산으로, 서울로 살길을 찾아 흩어져 버렸다.

'흥남부두에서 배에서 내리신 나의 아버지는 북한에 살아 계실까? 만일 살아 계시다면, 매우 더 연로하실 텐데…'

김 신부는 그 생각을 털어 버리기라도 하려는 듯 세차게 머리를 흔들었다. 그는 아버지 없는 아이로서 고통과 외로움의 날들을 견디어야만 했고, 반세기에 걸친 어머니의 눈물과 기도, 이산가족으로서의 쓰라린 고통이 그를 가톨릭 신부로 만들었을지도 모른다고 생각했다.

"빅토리호 선장님은 한국전쟁 후 가톨릭 신부가 된 후 일생 수도원 밖을 나오지 않았어요. 아마도 내가 상상할 수 없는 아주 높은 정신적 경지에서 사시는 분 같았어요. 옛날에도 내가 수도원을 방문할 때마다 수도원장은 마린 신부님이 기도 중이라고 말씀하시곤 했으니까요. 수도원장 역시 평생을 마린 신부님 옆에 그림자같이 따라다녔고… 도대체 두 분이 무엇을 위해 그렇게 열심히 기도를 하시는지 모르겠어요." 밥이 말했다.

밥은 마린 신부의 무관심이 야속했다. 나중에 알고 보니 14,005명의 소중한 생명을 남쪽으로 안전하게 싣고 내려온 빅토리호가 퇴역 후 고철로 중국에 팔려 갔다는 것이었다. 밥은 그 사실이 가슴 아팠다. 기적의 메레디스 빅토리호는 마지막 기착지인 한국의 거제도에 을지무공훈장과 함께 있어야 했다.

얼마 전 밥은 한국 정부에 사라진 을지무공훈장을 다시 만들어 줄 수 있는지 타진하는 편지를 썼었다. 다행히 한국 정부는 사라진 을지무공훈장을 다시 제작하여 보내 줄 것을 약속하였다. 밥은 그 기쁜 소식을 빨리 마린 신부에게 전하고 싶었다.

5

수도원장은 몇 년 전 눈보라가 휘몰아치던 어느 크리스마스 이브를 생생히 기억했다. 그날 수도원은 눈사태로 교통이 끊겼고 그와 마린 신부 단 둘이었다. 마린 신부는 신부가 된 후 속세의 이야기를 한 적이 거의 없었다. 그러나 그날 사정없이 휘몰아치는 눈보라를 응시하며 창밖을 내다보던 마린 신부의 눈은 유난히 빛나고 있었다.

"그날 홍남부두에는 이렇게 눈보라가 휘날리고 있었지요…." 마린 신부는 먼 곳을 응시하며 이야기를 시작했다.

"1950년 12월, 나는 메레디스 빅토리호의 선장으로 한국의 북쪽 홍남부두를 향하고 있었지요. 피난민이 까맣게 홍남부두로 몰려들었어요. 혹독하게 추운 겨울이었어요. 제대로 옷도 입지 못한 그들은 무거운 것을 이고, 지고 있었어요. 병아리처럼 겁에 질린 아이들이 그들 옆에 붙어 있었지요. 나는 쌍안경으로 비참한 광경을 보았어요. 그들의 뒤에는 중공군이, 그들의 앞은 망망대해였지요.

해군 함정으로부터 깜빡이는 불빛 신호등으로 메시지가 전달되어 왔어요. 우리에게 부두 쪽으로 와서 한국 피난민을 태워 줄 수가 있겠느냐고. 저는 즉시 부두를 향해 배를 출발시켰지요. 우리는 피난민들을 배에 태우기 시작했어요. 큰 소란 없이 질서정연하게 배에 오르기 시작했어요. 우리 배는 그들을 남쪽으로 태워다 줄 마지막 배였지요.

'빨리! 빨리!', 우리 미국 선원들은 사력을 다해 빨리빨리를 외치며 피난민들을 배에 태웠습니다. 이 말은 우리가 그때 한국인들에게서 배운 말이었어요, 피난민들은 모두가 빨리, 빨리를 외치며 배에 오르고 있었으니까요.

우리는 가능한 모든 공간에 피난민들을 가득가득 태웠어요. 커다란 이불이나 농짝을 짊어진 사람도 있었고 바이올린이나 재봉틀을 들고 있는 사람도 있었지요. 아이들이 수백 명이나 되었어요. 드디어 다음 날 아침까지, 우리는 최대한 1만 4천 명을 태울 수 있었어요. 7천 6백톤에 배의 정원이 60명에 지나지 않는 우리 배로서 어떻게 그렇게 많은 사람들을 태울 수 있었는지 불가능한 일이었어요.

우리는 조심조심 부산을 향해 헤쳐 나갔어요. 피난민들은 우리의 지시에 잘 따랐어요. 그래서 한 명의 낙오자도 없이 항해를 할 수 있었지요. 나는 그때 위대한 한국인의 정신을 보았습니다. 물 밑에는 적이 설치해 놓은 지뢰, 우리 배 바닥에는 300톤의 제트 연료가 실려 있었지요. 성냥 하나만 그으면 배는 삽시간에 화장터로 변하는 것이지요. 정말 위험한 항해였어요.

그런데 배에서 아기들이 태어나기 시작했습니다. 누울 공간이 없어 심지어 서서 아이를 낳는 부인까지 있었어요. 모든 것이 참담했습니다. 이들을 돌보던 우리 미국 선원들은 아기들의 이름을 우리가 알던 유일한 한국말인 '김치' 라고 지어 주었어요. 첫 번째 빅토리호에서 태어난 아이를 '김치1', 둘째가 '김치2', 그리고 마지막으로 다섯 번째로 태어난 아이의 이름은 '김치5' 였습니다.

나는 빅토리호 갑판 위에서 이 모든 일들을 지켜보며 서 있었습니다. 항해 마지막 날 내 머리에 별안간 이런 생각이 스쳐갔습니다. '오늘이 바로 크리스마스가 아닌가?'

배에서 태어난 다섯 아기를 포함해 모두 14,005명을 실은 빅토리호는 고난에 찬 3일 간의 항해 끝에 크리스마스 날 거제도에 도착했지요. 어떻게 한 생명도 잃지 않고 그 끝없는 위험을 극복할 수 있었는지 기적 같은 일이었지요.

피난민들이 안전하게 빅토리호를 떠나자 나는 이 생명의 항해를 지켜주신 신께 감사의 기도를 올렸습니다. 황량하고 차가운 한국의 바다 위에 하느님의 손길이 빅토리호의 키를 잡고 있었다는 명확하고도 틀림없는 메시지가 내게 와 있었어요. 한국전쟁이 끝나자 나는 바다를 떠났습니다. 나는 하느님의 길을 따르기로 한 것입니다."

말을 마친 마린 신부는 휘몰아치는 눈발에 시선을 고정시키며 움직일 줄을 몰랐다. 한참 후 수도원장이 침묵을 깨고 말했다.

"저 역시 동생이 한국전쟁에 참전했다 그만 행방불명되었어요. 난 내

동생과 8천여 명의 미군 실종자들이 언젠가 살아서 돌아올 날을… 아직도 기다리고 있어요." 수도원장은 말을 계속하지 못했다. 그들은 눈을 감았다. 눈보라가 거세게 창문을 후려치고 있었다.

"전쟁은 슬픔입니다. 그러나 실종자들은 언젠가는 고향으로 돌아올 것입니다."

마린 신부는 수도원장의 어깨에 손을 얹으며 위로했다.

"정말, 그런 일이 있을 수 있다면…."

수도원장은 뜨거운 숨을 내쉬며 말했다.

"희망을 가지세요, 그리고 한국의 평화통일을 위해 기도하세요."

마린 신부는 조용히 제단 앞으로 걸어가 무릎을 꿇었다. 잠시 후 수도원장도 마린 신부의 곁에 무릎을 꿇었다.

"슬픔이 있는 곳에 기쁨이, 전쟁이 있는 곳에 평화가, 용서와 화해가 강을 이루고…."

나직하게 수도원을 울려 퍼지는 두 사람의 기도 소리 너머로 하얀 눈이 쉴 새 없이 쌓이고 있었다.

6

이제 주위에는 차가 한 대도 보이지 않았다. 휘몰아치는 눈보라 속에 인근 마을의 불빛이 난파선처럼 흔들리고 있었다.

"빅토리호의 선원들이 옷과 담요 등을 피난민들에게 나누어 주었지요," 밥이 약간 고조된 목소리로 김 신부에게 말했다.

"그랬었군요, 정말 고마운 일입니다." 김 신부가 고개를 끄덕였다.

"지독하게 춥군요." 밥은 몸을 떨었다.

차는 더 이상 앞으로 나갈 수 없었다. 차를 멈추고 밥은 눈보라가 휘몰아치는 허공을 응시했다. 그리고 눈을 감았다. 마린 신부님께 무슨 일이 벌어진 것 같았다. 1950년 차디찬 한국의 바다에서 느낀 절망감이 온몸을 휩쌌다. 그 깊디깊은 심연 속에서 눈보라를 헤치고 홀연히 한 척의 배가 나타났다.

'빅토리호!'

밥은 뚫어질 듯 어둠 속을 응시했다. 피난민의 환호 속에서 배는 어둠 속에서도 환히 빛나고 있었다.

"출발이다! 닻을 올려라!"

배는 두둥실 공중으로 떠오르더니 눈보라를 헤치고 천천히 앞으로 나아가기 시작했다. 그 갑판 위에서 마린 신부가 밝게 미소 짓고 있었다.

※ 이 글은 흥남 철수 당시 부두를 마지막으로 빠져나온 빅토리호와 한국전쟁 후 가톨릭 수사가 된 빅토리호 라루 선장에 관한 필자의 단편의 개정판입니다. 현재 미국에서는 이 기적의 항해로 소중한 생명을 구한 라루 선장의 숭고한 인간애를 기리기 위하여 그를 가톨릭 성인聖人으로 추대하는 움직임이 일고 있다고 합니다.

전경애 | 1987년 소설 등단. 한국문학백년상, 올해의 작가상 수상. 국제PEN 한국본부 부이사장. 소설집 『장진호』, 『민들레 목장』, 『꽃 한 송이의 사랑』.
kajeon@gmail.com

예술시대작가회

연혁

예술시대작가회가 걸어온 길

연도	역대 회장	사무국장	동인지 · 사업 · 행사	면수	출판사
1987	1대 이재인	이정섭	• 창간호 『예술시대』 발간 • 창립총회 개최	298	인문당
1988	2대 임중택 (유고)	서영환	• 제2집 『아름답고 소중한 것』 발간 • 채만식 생가 문화기행	337	문학관
1989	3대 한풍작	오만환	• 제3집 『잎새바람 여울소리』 발간 • 제4집 『지느러미 바다』 발간_소설분과 • 전방부대 위문 및 도서 기증 • 《예술시대신문》 창간호 발간	372 334	예총 출판부 미리내
1990	4대 송명진	허선심	• 제5집 『불꽃튀는 도시』 발간 • 남쪽 문화기행 및 세미나 개최	332	문학관
1991	5대 김선천 (유고)	이소영	• 제6집 『가슴으로 새들은 날아오르고』 발간 • 강원도 문학기행 및 세미나 개최	365	혜화당
1992	6대 정인관	오만환	• 제7집 『살아있음을 위하여』 발간 • 《예술시대신문》 제2호 발간(전지 4면) • 최초 '한강선상 예술잔치' 유람선에서 공연 　(스포츠서울 공동 주최, 일간신문 특집 2회 　보도, KBS, MBC, SBS 저녁 9시 뉴스에 방영)	378	극동문화
1993	7대 오만환	남궁선순	• 제8집 『디오게네스의 반격』 발간 • 소식지 5회 발간, 문학기행, 세미나 개최	418	혜화당
1994	8대 이정섭	김희경	• 제9집 『난해한 곡선으로의 탈출』 발간 • 회장 편집실 마련, 문학토론회 개최	247	한국미술 연감사
1995	9대 홍금자	김봉길	• 제10집 『홀로 있는 풍경들』 발간 • '물 사랑 시낭송회' 광화문 분수대 앞 　(5대 일간 신문에 보도됨)	333	혜화당
1996	10대 김찬윤	권영재	• 제11집 『흔들리는 겨울』 발간 • '강원경포대 시' 잔치 및 세미나 개최 • 문학의 해—강원문학회 초청 공동주최	373	초록벗
1997	11대 전경애	박상철	• 제12집 『가슴에 그린 벽화』 발간 • '임실 문학회 공동 세미나 개최' 　—전북일보, 임실문학에 특집으로 게재	418	북토피아
1998	12대 이소영	정겨운	• 제13집 『선채로 스며드는 점』 발간	349	모아드림

연도	대수/회장	임원	주요 활동	쪽수	발행처
		김선우	• '세미나 개최' —임실문학회 공동개최 전북일보, 임실문학 특집 보도 및 게재		
1999	13대 김연대	이주환 강해경	• 제14집 『혼합과 질서』 발간 • '안동문학기행 및 세미나' —지례예촌에서	319	문학관
2000	14대 조성아	제정자 이덕원	• 제15집 『몽당연필로 그린 복제인간』 발간 • '남해문학회 공동 주최 문학세미나 개최' —성아뜰 시낭송(CD제작 배부)	271	문학관
2001	15대 정문택	강승도 김사라	• 제16집 『인생, 그 방황의 끝에서』 발간 • 제17집 『마주한 눈빛까지』 발간 • 임실문학회 합동 문학세미나 개최 —전북일보, 임실문학에 보도 특집 게재	240 314	문학과 현실 승림
2002	16대 김희경	김규훈 이춘재	• 제18집 『사랑은 사랑을 곁에 두려 한다』 발간 • '한강 맑히기 선상 예술잔치' 제2회 개최 —일간신문 보도됨 • 문학기행: 간월도, 한용운 생가, 덕적도 • 한강 선상 예술잔치—특집으로 구성 제작	402	현대 문화사
2003	17대 황태근	한소운 김훈영	• 제19집 『사람꽃이 피어난다』 발간 • 평창, 영월 김삿갓묘소 문학기행 및 세미나	328	도리
2004	18대 이덕자	윤재룡 박 등	• 제20집 『희망은 아름답다』 발간 • 충남 예술의 마을—시 낭송 및 문학좌담회 • 강원문화제 참가, 충주문학기행, 목계장터 신경림시비 기행	357	석기시대
2005	19대 곽용남	이현실 이화우	• 제21집 『나는 새는 지도가 필요없다』 발간 • 신진도 문학기행, 추사 김정희 선생 생가 기행 (19대 한성수 회장 후의 임원단)	268	예총 출판부
2006	20대 송복순	유승도 이현실	• 제22집 『베란다 밖의 풍경』 발간 • 정지용 생가 문학기행 및 무릉원 (남궁선순 회원집)에서 문학세미나 개최	287	대한
2007	21대 김준희	박상철 한소운	• 제23집 『그리고, 20』 발간 • 부여 박물관 견학 및 세미나 개최 —20주년 기념식 및 출판기념회	386	대한
2008	22대 윤여왕	김정윤 김용수	• 제24집 『거참, 한입 먹는 것은 평등하니』 발간 • 강원도 일대 문학기행: 대관령—눈꽃축제 참가 시낭송—대관령도서관(관장, 제정자 회원) —문학세미나 개최—대관령에서 예작을 위한 기도에서 예작을 위한 기도	353	한국 문학세상

연도	대수 회장	편집장	활동 내용	쪽수	출판사
2009	23대 김사라	이혜숙	• 제25집 『약속은 언제나 설렌다』 발간 • 3, 4월—시낭송회 개최, 소식지 4회 발송 • 해외 역사 탐방—백두산, 문경새재 일대 문학기행 및 문학토론회 개최	399	예총 출판부
2010	24대 김솔아	유선자	• 제26집 『작은 씨앗으로 커진 세상』 발간 • 원주 박경리 문학공원, 원주 토지문학관 기행 • 예술시대작가회 작곡, 예작 상징 마크 제작	423	예총 출판부
2011	25대 권순형	김남연	• 제27집 『생각과 생각 사이』 발간 • 경주 유적지 탐방	452	예총 출판부
2012	26대 윤재룡	조현순	• 제28집 『로그인 인생』 발간 • 백제군사박물관, 공주 부여 유적지 문학기행	369	예총 출판부
2013	27대 김문호	허혜원	• 제29집 『당돌한 저 꽃망울』 발간 • 안동 하회마을 및 지례예술촌 문학기행 (안동 특집 게재)	407	예총 출판부
2014	28대 박정필	이규자	• 제30집 『파도의 긍정』 발간 • 강화 문학기행 조경희 문학관에서 세미나 및 시낭송회	222	동행
2015	29대 한상림	양은진	• 제31집 『퍼즐 맞추기』 발간 • 오장환 문학관에서 세미나 및 시낭송회 청남대 견학, 특집—사랑나누기 (희망온돌)	253	예총 출판부
2016	30대 유선자	조현순	• 제32집 『타래난초가 핀 까닭』 발간 • 전북 고창 문학기행 미당문학관에서 세미나 • 강원일보 강원도민 신문 동인 칼럼 게재	263	예총 출판부
2017	31대 이현실	양은진	• 제33집 『봄을 읽다』 발간 • 이효석문학관 세미나 개최. 눈마을도서관, 스키박물관, 대관령 하늘공원 문학기행 • 특집1—동인 유고 작가 추모글 • 특집2—작가와의 가상 인터뷰(헤밍웨이)	352	지성의샘
2018	32대 박대진	나영채	• 제34집 『그리움은 출렁이는 신호등 너머』 발간 • 만해문학관, 보령상화원, 백아 김좌진 장군 생가 탐방 • 특집—만해문학관을 찾아서	336	예총 출판부
2019	33대 이규자	나영채	• 제35집 『노을의 눈빛을 보다』 발간 • 충주문학관(이상화 시인 문학세미나 개최) • 중앙탑공원 충주박물관 탐방, 장호원 복숭아밭 경유	320	예총 출판부

2020	34대 김남연	이진준 최성규	• 동인지 창간호에서 34권 기증식(정인관) • 제36집 『마음의 백신』 발간 • 특집1—코로나 • 특집2—신인 코너	384	예총 출판부
2021	35대 조현순	서경자	• 제37집 『은하를 횡단하는 별』 • 수원 화성, 행궁, 용주사 노작문학관에서 세미나 • 특집—수원 화성을 읽다	328	한강

2021년 예술시대작가회 제37집

은하를 횡단하는 별

발 행 일_ 2021년 12월 18일
지 은 이_ 예술시대작가회(회장 조현순)
편집위원_ 서영칠, 박종오, 이현자, 이진준,
　　　　　나영채, 마종옥, 조윤주
사무국장_ 서경자

만 든 곳_ 도서출판 한강
주　　소_ 서울시 종로구 인사동11길 16, 303호(관훈동)
전　　화_ 02) 735-4257, 734-4283

값 15,000원

ISBN 978-89-5794-493-6 03810

※저자와의 협약에 의해 인지는 생략합니다.
※잘못된 책은 바꾸어 드립니다.